Adelheid Vossiniotis

Echt griechisch kochen

Reizvolle Originalrezepte und Küchentips

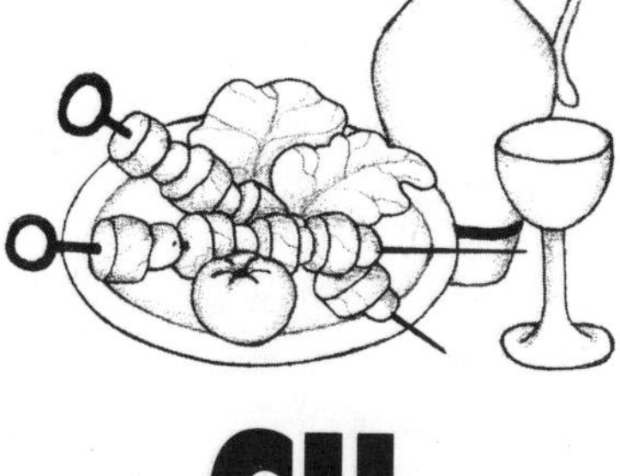

GU
Gräfe und Unzer

Umschlag-Vorderseite: Favoriten der griechischen Küche sind Lammfleischspießchen, gefüllte Paprikaschoten und gebratene Auberginenscheiben. Rezepte Seite 26, 50 und 53.
2. Umschlagseite: Für das österliche Festessen werden auf dem Lande die Lämmer an langen Spießen über Holzkohlenfeuer gebraten.
3. Umschlagseite: Eine typisch griechische Nachspeise ist die gefüllte Blätterteigrolle mit Sirup. Rezept Seite 64.
Rückseite: Auberginen sind in zahlreichen Varianten beliebt. Oben links belegte Auberginenhälften, rechts Auberginen mit Kalbfleisch und Champignons, unten links Auberginen im Backofen, unten rechts Auberginenscheiben in Backteig. Rezepte Seite 53, 54 und 58.

CIP-Kurztitelaufnahme der Deutschen Bibliothek

Vossiniotis, Adelheid:

Echt griechisch kochen: reizvolle Orig.-Rezepte u. Küchentips / Adelheid Vossiniotis.
[Zeichn.: Ingrid Schütz] – 5. Aufl. – München: Gräfe und Unzer, 1985

ISBN 3-7742-5601-2

5. Auflage 1985

Redaktion: Antje Schunka
Farbfotos: Teubner-Studio, Margot Granitsas (U 2), Burda (U 4), Constanze Verlag GmbH (Seite 37)
Zeichnungen: Ingrid Schütz
Umschlaggestaltung: Constanze Reithmayr-Frank
Reproduktionen: Brend'amour, Simhardt & Co.
Satz und Druck: Georg Appl
Bindung: R. Oldenbourg

ISBN 3-7742-5601-2

Adelheid Vossiniotis
lebt seit Jahren verheiratet in Athen. Dort lernte sie die Besonderheiten der typisch griechischen Küche kennen, und dort begann ihre intensive Beschäftigung mit der im besten Sinne einfachen und schmackhaften Kochkunst Griechenlands. Wo immer sie Gelegenheit hatte, sammelte sie Rezepte und Tips und probierte mit Begeisterung alles in der eigenen Küche aus. Sie stellte dabei fest, wie vielseitig und gesund die griechischen Speisen sind. Für den großen Kreis der Griechenlandfreunde hat sie die besten Originalrezepte aufgeschrieben – als kulinarische Reiseerinnerungen, die den schlichten Zauber der griechischen Küche zu Hause nachgenießen lassen.

Sie finden in diesem Buch

Sie finden in diesem Buch

Alle Rezepte sind für 4 Personen berechnet, ausgenommen die Rezepte für Truthahn, Spanferkel und für Gebäck.

Die griechischen Speisenamen sind in vereinfachter Lautschrift mit Aussprachebetonung wiedergegeben.

Ein Wort zuvor

Als ich vor Jahren nach Griechenland kam, beeindruckte mich die griechische Küche so sehr, daß ich davon nicht genug erfahren konnte. Wo immer ich Gelegenheit hatte, sammelte und notierte ich Rezepte. Beim Einkaufen auf den Märkten, bei Nachbarinnen und von den Köchen der kleinen Tavernen erfuhr ich die wichtigsten Eigenheiten, viele landesübliche Tips und besondere Raffinessen für das Zubereiten der Mahlzeiten.

Es hat mich überrascht, mit welcher Liebe und mit wieviel Ausdauer man in Griechenland kocht. Selbst das einfachste Essen wird sorgfältig zubereitet. Erhart Kästner schreibt in seinem Buch »Ölberge, Weinberge«: »Die griechische Kost ist liebenswert durch einen ländlichen Zug. Auch das verfeinerte Mahl ist aus dem Hirtenmahle entwickelt, dessen Gaben bescheiden und schlicht sind, aber geadelt vom Dank, mit dem sie jeder genießt.«

Ob man sich im Norden oder Süden Griechenlands aufhält oder auf einer der Inseln, die Küche bleibt in ihrer Urform immer ähnlich. Die Zutaten sind überall dieselben. Mich begeistert die griechische Küche vor allem, weil sie gesund, geschmackvoll und vielseitig ist. Gesund, da man hauptsächlich mit dem köstlichen Olivenöl und viel Gemüse kocht. Geschmackvoll, da man sehr oft Tomaten zu Fleisch und Gemüse verwendet und außerdem viel Petersilie, Dill und Zitrone. Vielseitig durch die vielerlei Vorspeisen und Beilagen sowie durch die verschiedensten Fleisch-, Fisch- und Gemüsegerichte.

Meine liebsten Rezepte habe ich in diesem Buch zusammengefaßt, damit Sie zu Hause kulinarische Reiseerinnerungen an Griechenland beleben können. Sie machen es Ihnen auch leicht, auf Ihrer Griechenlandfahrt das reiche Angebot der Märkte gut zu nützen.

Alle Gerichte dieses Buches lassen sich leicht nachkochen; denn was an Zutaten und an Gewürzen benötigt wird, ist überall im deutschen Sprachraum zu erhalten. Zwei Zugeständnisse an mitteleuropäische Gaumen habe ich beim Schreiben der Rezepte gemacht: Mit Olivenöl und Knoblauch gehen griechische Köchinnen und Köche verschwenderisch um. Beide Zutaten sind, so großzügig bemessen, jedoch nicht jedermanns Sache. Deshalb habe ich die Mengen für Öl und Knoblauch etwas sparsamer gehalten. Natürlich können Sie mehr davon verwenden oder den Knoblauch auch ganz weglassen.

Das Vorbereiten der typisch griechischen Produkte, die in Deutschland, Österreich und der Schweiz zwar erhältlich, aber nicht jedem geläufig sind, habe ich ausführlich im Kapitel »Besondere Zutaten«, Seite 9, beschrieben. So wird es auch für diejenigen keine Schwierigkeit geben, die bestimmte Früchte oder Zutaten zum ersten Mal verwenden.

Sicherlich werden Ihnen die langen Garzeiten bei den Rezepten auffallen. Diese ergeben sich aus den landesüblichen Gewohnheiten. Da man meistens mit milder Hitze arbeitet und die Töpfe sorgsam geschlossen bleiben, wird ein wesentlicher Verlust an wertvollen Inhaltsstoffen vermieden. Andererseits erhalten die Speisen aber gerade durch diese Garmethode ihren unverwechselbaren aromatischen Geschmack. Falls Sie über einen Schnellkochtopf verfügen, können Sie alle Gerichte, die einen längeren Kochvorgang erfordern, darin vor- oder zubereiten. Sollten Ihnen die angegebenen Mengen für die Hauptzutaten zu großzügig erscheinen, so passen Sie diese bitte Ihren Eßgewohnheiten an.

Ich hoffe, daß Sie die griechische Küche ebenso köstlich finden wie ich, und ich wünsche Ihnen viel Spaß beim Kochen!

Ihre Adelheid Vossiniotis

Griechische Tafelfreuden

Die Eßgewohnheiten der Griechen

Der Grieche liebt kein ausgiebiges Frühstück. Ihm genügt sein Kafedáki – das ist ein nach türkischer Art bereiteter Kaffee –, den er zu Hause trinkt oder sich an seinem Arbeitsplatz bestellt. Viele Menschen in größeren Orten essen morgens die auf der Straße angebotenen Kulúrja, das sind Sesamkringel, oder Tirópittes, ein mit Käse gefülltes Blätterteiggebäck, als Frühstücks-Imbiß. Dafür spielt das Mittagessen eine große Rolle. Es wird, wenn möglich, gern in einer größeren Runde eingenommen und kann sich bis in die frühen Nachmittagsstunden ausdehnen. Dafür gibt es abends oft nur Joghurt oder Obst, besonders im Sommer. Für einen abendlichen Tavernenbesuch – verbunden mit einer Mahlzeit – hat man allerdings auch wochentags Zeit.

Feine Nuancen der griechischen Küche

Die Jahreszeit bestimmt den Speisezettel der Griechen. Es wird nur das gekocht, was die jeweilige Saison bietet. Bei der Auswahl der Produkte ist man wählerisch. Auf dem Markt sucht man sich sorgfältig das gewünschte Obst und Gemüse aus, auch die Fische. Am liebsten wird Lammfleisch gegessen, doch daneben spielt auch das Fleisch vom jungen Rind (Moscári) eine große Rolle. Der Sommer bringt eine verschwenderische Fülle schöner Früchte auf den Markt. Frische Feigen werden als Nachtisch serviert. Melonen schneidet man eisgekühlt in Stücke und reicht sie ebenfalls als Dessert. Der Grieche rät, diese herrlichen Zuckermelonen immer mit einem Gläschen Wein zu genießen.

Die Grundgewürze sind Salz, Pfeffer und natürlich Knoblauch. Sehr beliebt sind aber auch Thymian und Oregano. Zur Tomatensauce mit Hackfleisch gibt man gerne eine Prise Zimt oder auch Rosmarin und Lorbeer. Einen besonderen Geschmack verleihen frische Pfefferminzblättchen – Sie können auch getrocknete nehmen – den Hackfleischbällchen oder dem mit Reis gefüllten Gemüse. Sehr viele Gerichte schmeckt man mit Zitrone ab. Häufig werden Speisen mit Tomaten oder Tomatenmark zubereitet oder mit Wein verfeinert. Petersilie und Dill verwendet man reichlich. Der Kjefalotíri, ein sehr würziger Hartkäse aus Ziegen- oder Schafmilch, dem Parmesankäse ähnlich, wird gern zum Würzen von Nudelgerichten und der Bechamelsauce genommen.

Dominierend in der griechischen Küche sind die Tomaten-Öl-Sauce und die Zitronensauce. Diese wird über das etwas abgekühlte, noch warme Essen gegeben. Für Speisen, die im Ofen gebacken werden, liebt man die Béchamelsauce. Klimabedingt werden in Griechenland nicht sehr häufig Suppen gegessen. Man reicht lieber Vorspeisen und Salate, von denen es viele Varianten gibt. Die bekanntesten Suppen sind die Zitronensuppe, die Fischsuppe und die Bohnensuppe. In manchen Familien kommt diese »Fasoláda« aus weißen Bohnenkernen sehr oft auf den Tisch, da sie ein billiges und nahrhaftes Mahl ergibt und zudem ausgezeichnet schmeckt.

Die sogenannten Ölspeisen, Laderá, sind vor allem bei der Landbevölkerung beliebt. Das Olivenöl besitzt einen hohen Nährwert und gibt diesen Speisen den besonderen Geschmack. Ein griechisches Sprichwort empfiehlt, Ölspeisen stets mit einem Stückchen Brot zu genießen. Außerdem sind Oliven und Schafkäse feste Bestandteile eines griechischen Mahles. Am häufigsten sind die schwarzen Ölbaumfrüchte, aber es gibt auch grüne.

Griechische Gastfreundschaft

Der Grieche ist sehr gastfreundlich. Gerne versammelt er seine Familie, seine Freunde und Bekannten um sich, um mit ihnen fröhlich zu sein. Es ist Sitte, daß die Hausfrau dem Gast zum Willkommen auf einem Tellerchen eingezuckerte Früchte und ein Glas kühles Wasser anbietet.

Gäste zum Essen empfängt man hauptsächlich abends. Sie werden reichlich bewirtet. Zuerst gibt es verschiedene Vorspeisen wie gefüllte Weinblätter, Pastítsjo (Nudelauflauf), herzhaftes Gebäck, gebratene Auberginen- und Zucchinischeiben, Schafkäse, Oliven, Tsatsíkji (angemachte Gurken). Danach folgt das Hauptgericht, das mitunter aus zweierlei Fleischspeisen mit Beilagen besteht. Als Nachtisch serviert man geschältes und geschnittenes Obst oder eine Blätterteig-Süßspeise. Keinesfalls fehlt die Karaffe mit kaltem Wasser, daneben findet man auch Bier oder Wein.

Statt zu Hause zu feiern, geht man auch gerne in eine der volkstümlichen Tavernen. Dort kann man sich selbst in der Küche aus Töpfen und Pfannen sein Menü zusammenstellen. Der Koch ist einem dabei behilflich. Fische, Koteletts und Salate werden erst nach der Wahl der Gäste zubereitet. Auf kleinen Tellern bekommt man die verschiedensten Vorspeisen serviert, und jeder bedient sich nach Belieben davon. Es ist ein munteres Essen, bei dem man sich angeregt unterhält und die Minuten nicht zählt.

Die besonderen Jahrestage

An erster Stelle in der Rangfolge der Feste stehen die Namenstage. Gratulanten erscheinen oft unangemeldet und bleiben mitunter nicht lange, da es noch mehrere Besuche abzustatten gilt.

Das Osterfest beginnt in der Nacht des Karsamstags nach der Auferstehungsfeier. Die lange Fastenzeit, für die vor allem während der Karwoche die Regeln streng eingehalten werden, ist auch heute noch für viele Griechen verbindlich. Wenn die Leute nach der Auferstehungsfeier mit brennenden Kerzen von der Kirche heimkehren, erwartet sie dort die traditionelle Majirítsa, eine Suppe aus den Innereien und den Gedärmen des Lammes. Der Ostersonntag ist die Krönung des Festes. Es gibt Kokorétsi, nämlich Leber-, Herz- und Lungenstücke vom Lamm, mit Darm umwikkelt, auf einem langen Spieß über Holzkohlenfeuer gegrillt, und vor allem das Lamm am Spieß, das nach altem Brauch die Männer zubereiten, während sich die Frauen um die Beilagen kümmern. Unbedingt gehört zum Osterlamm die Chórta, das sind gesammelte wilde Kräuter, vor allem Löwenzahn. Nach dem Mahl, vom kredenzten Retsína beflügelt, folgen Volksmusik und Volkstanz. Wer Ostern in der Stadt verbringen muß, bekommt auch dort seinen Lammbraten. Hier ist es noch Brauch, daß der Bäcker die von den Frauen hergerichteten Speisen entgegennimmt und bis zum Mittag brät oder bäckt.

Weihnachten ist vor allem ein Familienfest. Am ersten Feiertag darf der gefüllte Truthahn nirgends fehlen. Er schmeckt in griechischer Zubereitung besonders lecker. Das beliebteste Weihnachtsgebäck sind Kurambiédes – im Geschmack den österreichischen Vanillekipferln ähnlich – und Melomakárona, kleine Plätzchen mit Honig und Walnüssen.

Die Silvesternacht ist wieder sehr gesellig und wird mit Glücksspielen bis zum Morgen ausgedehnt. Am Neujahrstag erfreut ein saftiger Ferkel- oder Schweinebraten und die traditionelle Wasilópitta, der Neujahrskuchen, die Gaumen der Griechen. In den Neujahrskuchen wird eine Münze eingebacken. Der Hausherr schneidet den Kuchen an und verteilt die Stücke. Wer die Münze in seinem Stück findet, dem soll sie Glück bringen.

Zur Faschingszeit findet man die Griechen mit ihren Freunden in der Taverne. Mit dem Rosenmontag beginnt die große Fastenzeit. An diesem Tag ißt man weiße Bohnen mit grünen Zwiebeln, Kalamarákja (Tintenfische), Taramó (Fischeier), grünen Salat, Chalwás, das beliebte Mandel-Grieß-Dessert, oder Skaltsúnja, Teigtaschen mit Nußfüllung. Die Bäcker verkaufen ein flaches Sesambrot, Laghána. Man fährt ans Meer oder aufs Land und nimmt sich die Speisen als Proviant mit oder besucht dort eine Taverne. Für die Kinder ist das der große Tag zum Drachensteigen.

Was die Griechen trinken

Wer die Güte des griechischen Trinkwassers kennt, wundert sich nicht, daß eine Karaffe kühlen Wassers zu keinem Essen fehlt. Der griechische Dichter Pindar lobte es bereits 500 Jahre vor unserer Zeitrechnung mit den Worten »das Beste ist das Wasser«. Daneben trinken die Griechen gerne ihren geharzten Wein, den Retsína, an den man sich schnell gewöhnt und der als außerordentlich bekömmlich gilt. Unter den Weißweinen und Rotweinen gibt es wohlklingende Namen, die man sich aber nicht zu merken braucht, da sie jeder Weinfreund selbst entdeckt. Das in Griechenland hergestellte Bier erfreut sich großer Beliebtheit. An Schnäpsen ist der Úso, mit leichtem Anisgeschmack, sehr beliebt.

Wer einen guten griechischen Tropfen sucht, probiere auch einmal einen Metaxá, den griechischen »Cognac« von hoher Qualität.

Der Kafedáki wird zu jeder Tageszeit gereicht. Dazu serviert man stets ein Glas frisches Wasser.

Wichtige Küchengeräte

Ein sehr typisches Gerät ist Tapsí. Tapsí, die Mehrzahl heißt Tapsía, ist aus der griechischen Küche nicht wegzudenken. Es ist eine runde Kasserolle aus Aluminium mit einem etwa 6 cm hohen Rand. Tapsí gibt es in verschiedenen Größen. In ihnen bringt man das vorbereitete Gericht zum Bäcker oder brät es selbst im Backofen. Diese Tapsía sind leicht durch entsprechende Bratpfannen oder feuerfeste Formen zu ersetzen. Wichtig ist nur, daß man über eine genügend große Form verfügt, damit notfalls ein Braten mit den Beilagen darin Platz findet.

Im übrigen sind die Töpfe, Kasserollen und Pfannen dieselben wie bei uns in Deutschland. Noch bis vor kurzem spielte der Mörser

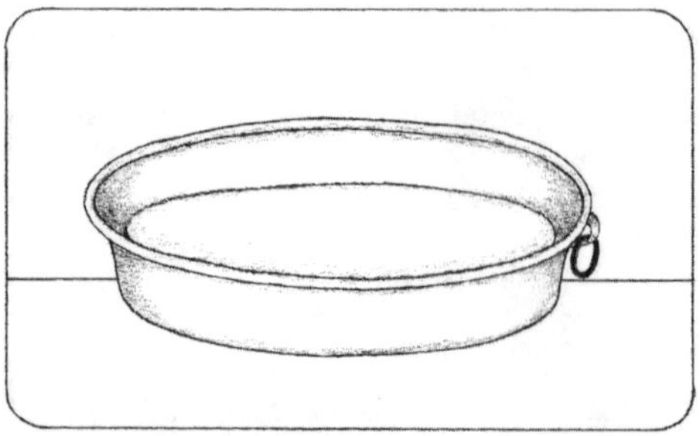

Diese typisch griechische Kasserolle heißt Tapsí. Man kann ebensogut eine Pfanne mit hohem Rand oder eine feuerfeste Auflaufform verwenden.

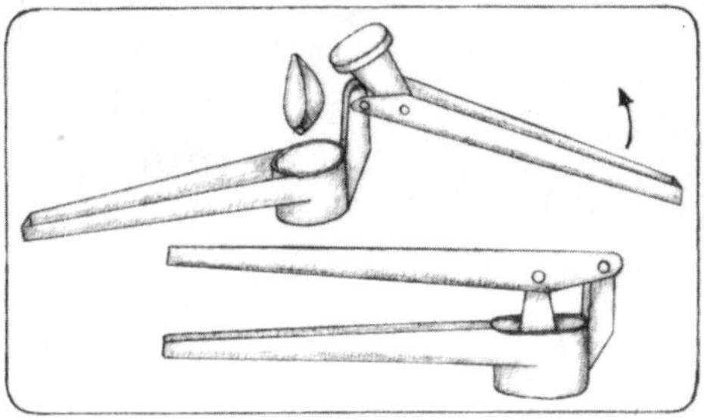

Die geschälte Knoblauchzehe kommt in die Knoblauchpresse und wird rasch zu feinem Brei zerquetscht. Praktisch für größere Mengen.

eine große Rolle. In ihm wurden Nüsse, Zwieback, Knoblauch oder Gewürze zerdrückt oder pulverisiert. Inzwischen ist er weitgehend vom elektrischen Mixgerät abgelöst worden. Dieses wird fast täglich schon zum Zerkleinern der Tomaten benützt, die für viele Gerichte gebraucht werden.

Für Knoblauchfreunde lohnt es sich, eine Knoblauchpresse anzuschaffen, in der vor allem größere Mengen Knoblauch rasch und mühelos zerquetscht werden können.

Besondere Zutaten richtig vorbereiten

Einige Zutaten echt griechischer Rezepte sind in Mitteleuropa nicht allgemein bekannt oder werden nur selten verwendet. Daher möchte ich Ihnen kurz erklären, wie man sie vorbereiten muß.

Fische

Hauptsächlich Angler müssen hierzulande noch einen Fisch ausnehmen können. Normalerweise besorgt das Ihr Fischhändler. Wenn Sie aber einen fangfrischen Fisch kaufen und selbst zubereiten möchten – vielleicht auf Ihrer Griechenlandreise in der Campingküche –, dann gehen Sie folgendermaßen vor:

Schon beim Kauf darauf achten, daß der Fisch dunkelrote Kiemen, keine trüben, sondern klare Augen und festes Fleisch hat.

Den Fisch an der Bauchseite der Länge nach aufschneiden und die Eingeweide entfernen. Die Kiemen herausziehen, die Flossen und den Schwanz abschneiden (am besten mit der Küchenschere) und den Fisch mit dem Messerrücken vom Schwanz zum Kopf hin schuppen. Den Fisch innen und außen unter fließendem kaltem Wasser gründlich abspülen und mit Küchenkrepp trockentupfen, mit Zitronensaft beträufeln und 10 Minuten liegenlassen.

Den Fisch dann salzen, in Mehl wenden oder panieren und in erhitztem Olivenöl je nach Größe von jeder Seite 5–8 Minuten braten.

Große Fische am besten im Ganzen im Backofen braten. Man kann einen großen Fisch aber auch in Scheiben schneiden und diese panieren oder nur in Mehl wenden und in der Pfanne braten, in wenig Flüssigkeit

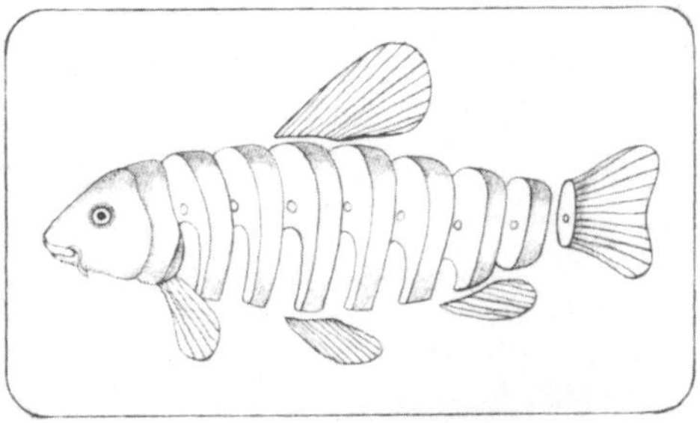

So wird ein großer Fisch sachgemäß in Scheiben geschnitten; das Messer muß sehr scharf sein.

dünsten oder grillen. Zum Grillen die Scheiben mit etwas Olivenöl bestreichen und von jeder Seite etwa 10 Minuten garen.

Fische, die blau serviert werden, läßt man in siedendem Wasser je nach Größe 12–20 Minuten garziehen. Kochen sollte man Fisch nur, um eine Fischsuppe zu bereiten. Welche Fische sich dafür eignen, sagt Ihnen Ihr Fischhändler. Für eine gute Fischsuppe ist es wichtig, daß der Kopf mitgekocht wird. Den Fisch in kochendes Wasser legen und bei nicht zu starker Hitze 10–15 Minuten kochen lassen. Er ist gar, wenn sich die Gräten herausziehen lassen.

Tintenfische

Landläufig bezeichnet man verschiedene Arten von Meeresbewohnern als »Tintenfische«; sie gehören streng biologisch zur Gruppe der Kopffüßer. Je nachdem, ob das Tier durch zwei oder vier Kiemen atmet und über acht oder zehn Kopffüße (Fang- oder Saugarme) verfügt, gehört es dann zur Unterart der Tintenfische, Kalamare oder Polypen. Kalamare werden als beliebte Mini-Exemplare von etwa 5–10 cm Gesamtlänge gefangen. Polypen können eine Länge bis zu 2 Metern erreichen und wiegen meist 1–3 kg. In Griechenland werden diese Meeresdelikatessen auf der Speisenkarte oder auf dem Fischmarkt unter der Bezeichnung Kalamarákja oder Oktapódi angeboten. Bei uns können Sie Tintenfische tiefgefroren, die Sie wie fangfrische vorbereiten müssen, oder konserviert, die bereits küchenfertig sind, kaufen.

Den Körper – auch Sack genannt – festhalten und den Kopf mit den daran gewachsenen Fangarmen herausziehen.

Bei den Kalamarákja den Schulp, ein poröses Kalkblatt unter der Rückenspitze des Körpers, herausziehen und wegwerfen.

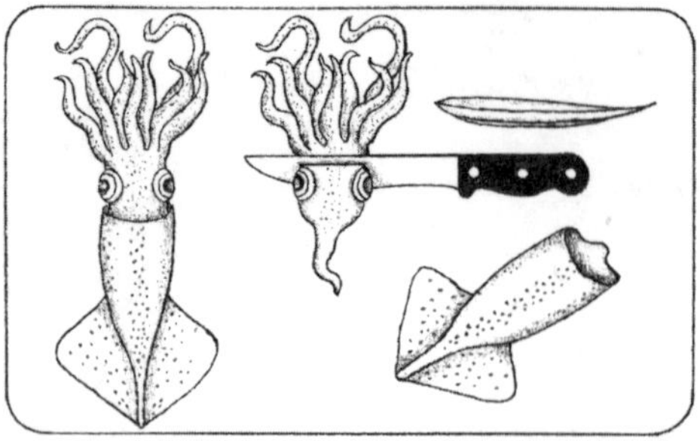

Beim Tintenfisch den Kopf aus dem Körper ziehen, die Fangarme abschneiden, den Schulp, das poröse Kalkblatt, entfernen.

Den Körper vorsichtig mit den Fingern von den Innereien und dem Tintenbeutel leeren, diese wegwerfen und den Körper unter fließendem kaltem Wasser innen und außen gründlich abspülen.

Die Fangarme oberhalb der Augen vom Kopf abschneiden, den kleinen Knorpel zwischen den Fangarmen entfernen. Den Knorpel und den unteren Teil des Kopfes mit den Augen wegwerfen. Die Fangarme ebenfalls gründlich unter fließendem kaltem Wasser waschen.

Nach Belieben die Haut vom Körper und den Fangarmen abziehen. Das Fleisch des Tintenfisches dann je nach Rezept weiterverarbeiten.

Artischocken

Beim Kauf von Artischocken auf Frische achten! Wenn Sie frische Artischocken schütteln, bewegen sich die Köpfe elastisch hin und her.

Die obere Hälfte der Artischocke abschnei-

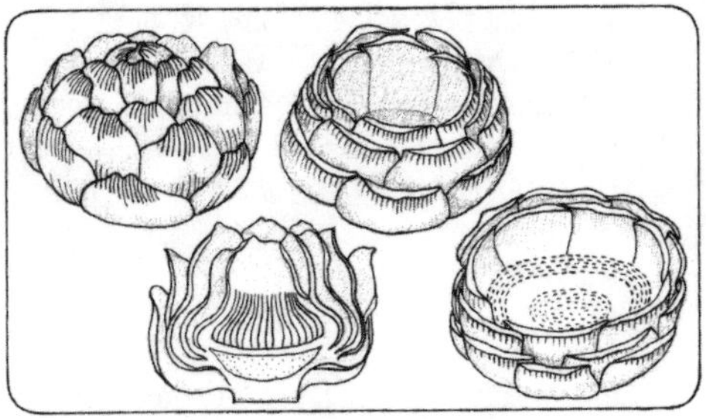

Die obere Hälfte der Artischockenblätter abschneiden. Den Stiel kürzen und die holzigen Blätter entfernen. Das »Heu« aus der Mitte herauslösen.

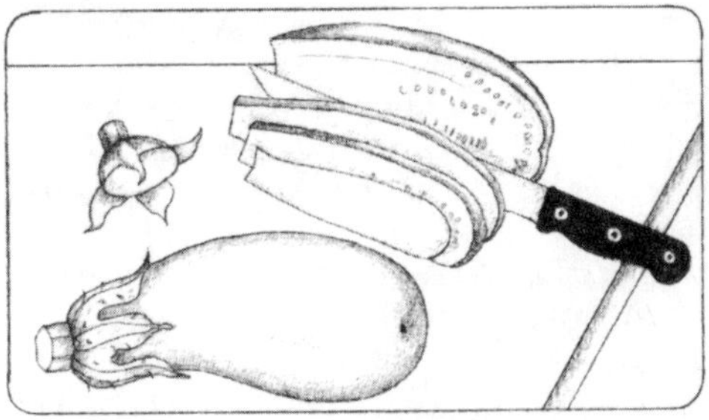

Von den Auberginen den Stiel mit der braunen Kappe entfernen und die ungeschälten Früchte längs in Scheiben schneiden oder nur halbieren.

den und wegwerfen. Den Stiel bis auf 3 cm kürzen. Die äußeren holzigen Blätter am unteren Teil der Artischocken bis zu den zarten gelblichen Blättern entfernen.

Mit einem kleinen Löffel aus der Mitte der Artischocke das sogenannte »Heu« herauslösen; das sind stengelartige haarige Blättchen, die man nicht essen kann.

Das äußere Grün an der Unterseite der Artischocke und am stehengelassenen Stückchen vom Stiel abschälen.

Jede Artischocke nach dieser Vorbereitung mit Zitronensaft einreiben und bis zum Kochen in kaltes Zitronenwasser legen, damit sie sich nicht dunkel färbt. (Zur Schonung der Hände möglichst Gummihandschuhe anziehen; andernfalls die Hände nach der Arbeit mit der ausgedrückten Zitrone abreiben.)

Die vorbereiteten Artischocken dann nach Vorschrift des jeweiligen Rezeptes weiterverarbeiten.

Auberginen

Beim Kaufen von Auberginen – sie werden auch Eierfrüchte genannt – auf eine glänzende, glatte dunkelviolette Haut und auf festes Fruchtfleisch achten.

Auberginen werden in der griechischen Küche ungeschält verwendet. Lediglich den kurzen Stiel mit der daran befindlichen grünbraunen Kappe abschneiden. Die Frucht längs halbieren oder längs in 1 cm dicke Scheiben schneiden und die Hälften oder die Scheiben 1 Stunde in Salzwasser legen. Durch das Wässern werden der Frucht die Bitterstoffe entzogen. Danach Hälften oder Scheiben unter fließendem kaltem Wasser abbrausen und abtropfen lassen. Man kann Auberginenscheiben aber auch mit Salz bestreuen, übereinanderstapeln, mit einem Brett beschweren und so 30 Minuten liegenlassen; auch so verlieren sie die Bitterstoffe. Danach die Scheiben ebenfalls kalt abbrausen und abtropfen lassen, eventuell trockentupfen. Die Auberginen dann, wie im jeweiligen Rezept angegeben, zubereiten.

Marúli

Dieser Salat wird in Griechenland gerne gegessen. Er ist bei uns als römischer Salat oder

Bindesalat bekannt, manchmal wird er auch Rumän- oder Romana-Salat genannt. Seine Form ähnelt dem Kopfsalat; die Köpfe sind jedoch nicht so kugelrund, sondern schlanker und etwa 20 cm hoch. Die Blätter sind kräftiger grün.

Man schneidet die Blätter in Streifen. Marúli mischt man mit kleingeschnittenen grünen Frühlingszwiebeln und Dill und macht den Salat mit Salz, Pfeffer, Olivenöl und Essig an.

Okra

Okra – auch Ladyfinger genannt – zählen zu den feinen Gemüsesorten. Am besten schmecken sie frisch, zusammen mit Tomaten gedünstet als Beilage. Okra werden aber auch tiefgefroren oder in Dosen bereits küchenfertig angeboten. Frische Okras bereitet man folgendermaßen vor:

Die schotenartigen Früchte kurz kalt abbrausen und auf einem Tuch abtropfen lassen. Den Stiel entfernen und die obere Kappe mit dem Stielansatz ringsum vorsichtig und knapp abschneiden, so daß das Fruchtfleisch der eigentlichen Schote nicht beschädigt wird, weil

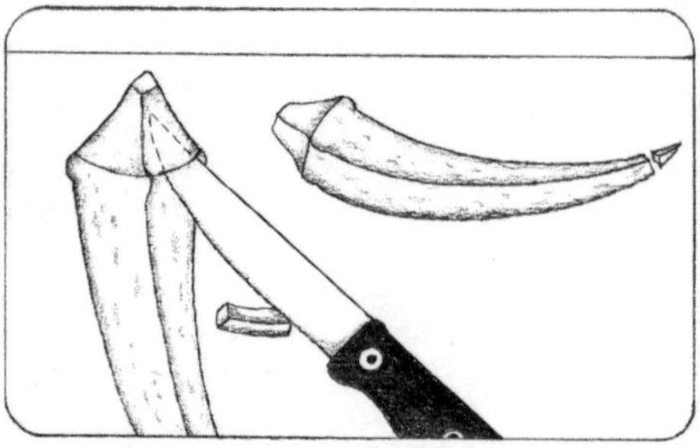

Von den Okra den Stiel entfernen und die Kappe mit dem Stielansatz vorsichtig knapp abschneiden. Das Fruchtfleisch darf nicht beschädigt werden.

sonst klebriger Saft ausläuft. Die Kappen wegwerfen. Die Schnittflächen der Schoten in Essig tauchen und die Okras 1 Stunde – möglichst in der Sonne – trocknen lassen. Das Gemüse dann noch einmal kurz kalt abbrausen.

Salatgurke

Salatgurken sind natürlich auch für uns ein beliebtes und keineswegs unbekanntes Gemüse. In Griechenland wird die Salatgurke aber als Beilage zu Fleischgerichten auch folgendermaßen angeboten:

Die Gurken schälen und zweimal durchschneiden. Die Gurkenstücke dann der Länge nach vierteln und so servieren.

Zucchini

Zucchini gehören zur Familie der Gemüsekürbisse. Sie sind auch unter den Namen Zucchetti oder Courgettes bekannt. Beim Kaufen auf Früchte mit unbeschädigter olivgrüner Haut und festem Fruchtfleisch achten.

Die Zucchini zunächst leicht mit einem Messer abschaben; die grüne Farbe soll jedoch erhalten bleiben. Beide Enden knapp kürzen. Die Zucchini dann waschen und trockentupfen, ganz lassen, in Scheiben schneiden oder längs halbieren.

Zucchini werden gerne mit Füllung zubereitet: Aus längs halbierten Zucchini mit einem kleinen Löffel etwas Fruchtfleisch herausschaben. Oder von der ganzen Frucht eines oder beide Enden abschneiden und die Zucchini mit einem Kartoffelschäler oder einem langen dünnen Löffel aushöhlen. Sehr große Früchte schneidet man in der Mitte durch und höhlt die Hälften aus.

Jede ausgiebige Mahlzeit, besonders aber ein festliches Mahl, wird in Griechenland durch mehrere Vorspeisen – zu denen auch Salate gehören – eröffnet. Diese als Vorspeise gedachten Gerichte bietet man auf einmal in bunter Vielfalt auf kleinen Tellern an. Jeder Teilnehmer der Tafelrunde bedient sich davon nach Belieben. Dabei bestehen keine starren Regeln, welche Gerichte als Vorspeisen, als Beilagen oder aber als Hauptessen gelten.

Viele Salate, Gemüsezubereitungen, Fischspezialitäten oder herzhafte Patisserien werden je nach Speisenfolge, vielleicht geringfügig abgewandelt, einmal an dieser, einmal an jener Stelle des Menüs gereicht.

So können beispielsweise gebratenes Gemüse, Pastítsjo, das Leibgericht der Griechen, Miesmuscheln, gefüllte Weinblätter, Tomaten, Auberginen, Artischocken oder Zucchini, kalt als Vorspeise oder warm als Beilage oder Hauptgericht auf den Tisch kommen; alle diese Rezepte finden Sie in den entsprechenden Kapiteln. Auch das Gebäck zu Bier und Wein (Rezepte auf den Seiten 60, 61) wird mitunter als herzhafte Vorspeise geschätzt.

Zur beliebtesten griechischen Vorspeise zählt Kokorétsi, die vor allem nicht beim österlichen Festmahl fehlen darf. Kokorétsi besteht aus Leber-, Lungen- und Herzstücken vom Lamm, die mit Darm umwickelt auf einem langen Spieß über Holzkohlenfeuer gebraten werden. Da die für diese Vorspeise nötigen Zutaten bei uns nur schwierig zu besorgen sind, empfehle ich Ihnen, Kokorétsi durch gebratene Lammleber (Rezept Seite 20) zu ersetzen.

Auberginensalat

Melitsánes saláta

2 mittelgroße Auberginen · 2 Scheiben Weißbrot ohne Rinde · 2 Eßl. Sahne · 2 Knoblauchzehen · Salz · Saft von 1 Zitrone · Pfeffer · 2 Eßl. geriebene Mandeln · 2 Eßl. geriebener Parmesankäse · 1/2 Tasse Olivenöl
Zum Garnieren: 1 grüne Paprikaschote · 1 kleine Tomate · 3 hartgekochte Eier

- Zubereitungszeit: 35 Minuten

So wird's gemacht: Die Auberginen auf Alufolie direkt auf der Herdplatte bei starker Hitze weichbraten. Das Weißbrot mit der Sahne einweichen. Den Knoblauch mit etwas Salz zerdrücken. • Die Auberginen häuten, in einer Schüssel mit hölzernem Löffel (bei Metall werden sie schwarz) fein zerdrücken. Den Zitronensaft, das Weißbrot, den Knoblauch, Salz, Pfeffer, die Mandeln, den Käse und das Öl unterrühren. • Den Salat kühl stellen. Zum Anrichten mit Paprikastreifen, Tomatenwürfeln und Eivierteln garnieren.

Gurkensalat

Tsatsíkji
Bild Seite 17

1 Salatgurke · Salz · 3 Knoblauchzehen · 250 g Sahnequark · 3 Eßl. Olivenöl · Essig · Pfeffer

- Zubereitungszeit: 15 Minuten
- Kühlzeit: 1 Stunde

So wird's gemacht: Die Gurke schälen und auf einer Rohkostreibe sehr fein raspeln. Die Gurkenraspeln mit etwas Salz bestreuen und zugedeckt 10 Minuten stehenlassen. • Inzwischen die Knoblauchzehen schälen und reiben oder in der Knoblauchpresse zerdrücken oder in kleine Würfelchen schneiden und mit wenig Salz mit einer Messerklinge zu Mus drücken. • Den Gurkensaft abgießen. Den Quark mit dem Knoblauch, dem Olivenöl, etwas Essig, Salz und Pfeffer und den Gurkenraspeln verrühren und den Salat vor dem Servieren zugedeckt 1 Stunde im Kühlschrank durchziehen lassen.

Mein Tip Tsatsíkji wird in Griechenland mit einer besonderen Sorte Joghurt angemacht, die es bei uns nicht zu kaufen gibt. Ich habe den Salat deshalb mit Sahnequark rezeptiert. Geschmacklich kommt er dem griechischen Original dadurch sehr nahe. Wem der Knoblauchgeschmack bei diesem Salat zu intensiv sein sollte, der kann etwas weniger Knoblauch verwenden.

Kartoffel-Knoblauch-Püree

Skordaliá

3 gekochte, kalte Kartoffeln · 3–5 Knoblauchzehen · 1/2 Tasse Olivenöl · 1 Teel. Essig

- Zubereitungszeit: 15 Minuten

So wird's gemacht: Die Kartoffeln abziehen und durch eine Kartoffelpresse drücken. Die Knoblauchzehen schälen, kleinwürfeln und mit wenig Salz mit der Messerklinge zerquetschen oder mit der Knoblauchpresse zerdrükken. • Die durchgepreßten Kartoffeln und den Knoblauch mit dem Öl und dem Essig zu einem feinen Brei mischen.

Mein Tip Man kann unter den Skordaliá noch 30–50 g im Mörser zerstoßene Walnüsse geben.

Fischeiersalat

Taramó saláta
Bild Seite 17

In Griechenland wird Taramó aus rötlichen Fischeiern bereitet, die es hier leider nicht zu kaufen gibt. Ich habe das Rezept deshalb mit Keta-Lachs-Kaviar angegeben.

100 g Weißbrot · 1 kleine Zwiebel · 1 gekochte Kartoffel · Saft von 1 Zitrone · Salz · 1/2 Tasse Olivenöl · 50 g Keta-Lachs-Kaviar

- Zubereitungszeit: 15 Minuten

So wird's gemacht: Vom Weißbrot die Rinde abschneiden, das Brot grob zerschneiden und in wenig Wasser einweichen. Die Zwiebel schälen und fein reiben. Die Kartoffel abziehen und durch die Kartoffelpresse drücken. • Das Brot ausdrücken, mit der geriebenen Zwiebel, der zerdrückten Kartoffel, dem Zitronensaft, etwas Salz, dem Olivenöl und Kaviar mischen. Alles im Mixer zu einem feinen Brei verarbeiten. Die Vorspeise bis zum Servieren kühl stellen.

Garnelensalat

Gharídes saláta

Am besten schmecken frische Garnelen, die man selbst kocht und dann erst schält. Statt frischer Garnelen können aber auch tiefgefrorene verwendet werden.

500 g frische Garnelen mit Schale oder 300 g tiefgefrorene Garnelen (Krabben) · reichlich 1 l Wasser · 1/2 Tasse Essig
Für die Sauce: Saft von 1 Zitrone · 2–3 Eßl. Mayonnaise
oder: 1 Bund Petersilie · Saft von 1 Zitrone · 1–2 Eßl. Olivenöl

- Zubereitungszeit: 35 Minuten

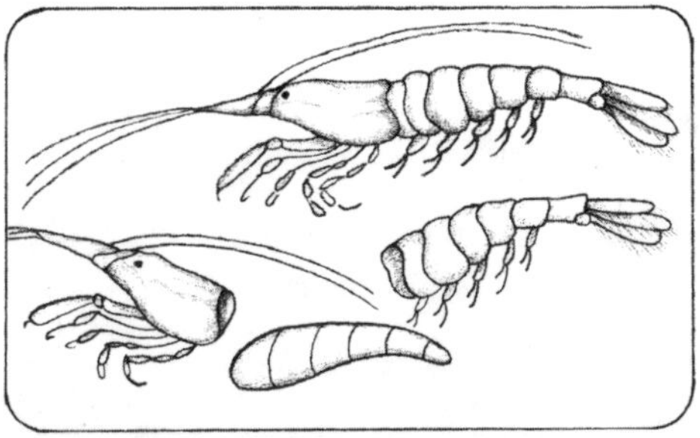

Von den gekochten Garnelen den Kopf abtrennen. Das Fleisch aus der Körperschale lösen und dabei den Darmfaden entfernen, der oben in der Mitte der Krümmung entlang läuft.

So wird's gemacht: Die Garnelen unter fließendem kaltem Wasser waschen. Das Wasser zum Kochen bringen; wenn es sprudelnd kocht, die Garnelen hineinwerfen und das Wasser bei starker Hitze rasch wieder zum Kochen bringen. Den Essig zufügen und die Garnelen 12 Minuten kochen lassen. • Die Garnelen mit dem Schaumlöffel aus dem Kochsud heben, etwas abkühlen lassen und die Schalen entfernen. Die Köpfe abtrennen und wegwerfen, den Darmfaden entfernen, der oben in der Mitte der Krümmung entlang läuft. Größere Garnelen einmal durchschneiden. • Für die Sauce entweder den Zitronensaft mit der Mayonnaise verrühren oder die kleingeschnittene Petersilie mit dem Zitronensaft und dem Olivenöl mischen. Die Garnelen mit der Salatsauce anmachen.

Polyp

Oktapódi

Tintenfische, Polyp/Oktapódi oder Kalamarákja, werden gerne als Vorspeise angeboten.

1 tiefgefrorener Polyp · 1/2 Tasse Wasser · je 1 gute Prise Salz und getrockneter Oregano · 2–3 Eßl. Olivenöl · Saft von 1 Zitrone

- Zubereitungszeit: 20 Minuten (ohne Auftauzeit)
- Garzeit: je nach Größe etwa 2 Stunden

So wird's gemacht: Den Polyp auftauen lassen und, wie auf Seite 10 beschrieben, vorbereiten. Es bleiben nur das feste Fleisch des Polyps und seine Fangarme übrig. • Die

Aus der bunten Vielfalt köstlicher Vorspeisen gefüllte Weinblätter mit Hackfleisch, Rezept Seite 47, Fischeiersalat, Rezept Seite 14, und Gurkensalat, Rezept Seite 13. ▷

Fleischteile sehr gut waschen, dann mit dem Wasser in einen Topf geben und bei milder Hitze in 1½–2 Stunden, je nach Größe, weich kochen. Wenn Sie mit einer Gabel in das Fleisch stechen, muß es völlig weich sein. • Das Fleisch in 2 cm große Stücke schneiden und mit dem Salz, dem Oregano, dem Öl und dem Zitronensaft mischen.

Mein Tip Polyp schmeckt am besten, wenn er bereits einen Tag zuvor gekocht und angemacht wurde. Außerdem können Sie die lange Garzeit für den Tintenfisch verkürzen, wenn Sie das Fleisch im Schnellkochtopf garen; es dauert dann nur ungefähr 30 Minuten.

Russischer Salat

Rosikjí saláta

250 g gekochte Kartoffeln · 100 g süß-saure Gurken · 3 hartgekochte Eier · 1 Apfel · je 250 g gegarte Karotten, grüne Bohnen, Erbsen und weiße Bohnenkerne (aus Dosen) · 100 g Kapern · Salz · Pfeffer
Für die Mayonnaise: 2 Eier · 1 Tasse Wasser · Salz · 1 gekochte, kalte Kartoffel · ½ Teel. Senf · Saft von 1 Zitrone · 1 Tasse Olivenöl
Zum Garnieren: gekochte Rote-Bete-Scheiben

- Zubereitungszeit: 35 Minuten

So wird's gemacht: Die Kartoffeln abziehen und würfeln, ebenso die Gurken und die Eier. Den Apfel auf der Rohkostreibe reiben. Die Karotten und die grünen Bohnen kleinschneiden. • Alle vorbereiteten Zutaten mit den Erbsen, den weißen Bohnen sowie den Kapern mischen und alles mit etwas Salz und Pfeffer abschmecken. • Für die Mayonnaise die Eier in Eigelbe und Eiweiße trennen. Das Wasser mit etwas Salz zum Kochen bringen. Die Eiweiße ins kochende Wasser gießen und stocken lassen. Das geronnene Eiweiß aus dem Wasser heben und abkühlen lassen. • Die Kartoffel abziehen und durch die Kartoffelpresse drücken. Den Brei mit den Eigelben, dem Senf, 1 Prise Salz, dem Zitronensaft und dem Eiweiß im Mixer pürieren. Nach und nach tropfenweise das Öl zufügen. • Den Salat mit der Mayonnaise anmachen und mit den Rote-Beete-Scheiben garnieren.

Bauern-Salat

Choriátikji saláta

Dieser berühmte Salat besteht vor allem aus Tomaten, Zwiebeln, Oliven und Schafkäse. Im Sommer, wenn es sonnengereifte Tomaten gibt, ist er mit einem Stück Weißbrot und einem Glas Retsina oder mit einem kühlen Bier ein wundervolles Abendessen.

4 Tomaten · 1 grüne Paprikaschote · 1 kleine Salatgurke · 1 Zwiebel · je 1 Prise Salz und Pfeffer · 4 Eßl. Olivenöl · 2 Eßl. Essig · 200 g Schafkäse · 100 g schwarze Oliven

- Zubereitungszeit: 25 Minuten

So wird's gemacht: Die Tomaten waschen, abtrocknen und in Viertel oder Achtel schnei-

◁ Von raffinierter Eigenart ist die Komposition des Gurkensalates mit Schafkäse. Rezept unten.

den. Die Paprikaschote vierteln, Rippen und Kerne entfernen, die Schotenstücke waschen und in schmale Streifen schneiden. Die Gurke schälen, der Länge nach vierteln und die Viertel in nicht zu dicke Stücke schneiden. Die Zwiebel schälen und in Scheiben schneiden. • Das Gemüse mit dem Salz, dem Pfeffer, dem Öl und dem Essig mischen. Den Schafkäse in Stückchen schneiden und zuletzt mit den Oliven unter den Salat heben.

Variante – Gurkensalat mit Schafkäse
Bild Seite 18
Die Salatgurke mit der Schale in feine Scheiben schneiden, mit dem Salz, Pfeffer, 1 Prise Zucker, 1 Eßl. Essig und 2 Eßl. Olivenöl vermischen. 100 g Schafkäsestückchen und einige frische Pfefferminzblättchen oder 1 Teel. getrockneten Oregano daruntermengen.

Weiße-Bohnen-Salat

Fasólja saláta

Dieser Salat wird vorwiegend während der Fastenzeit, hauptsächlich am Rosenmontag serviert. Am besten eignen sich mittelgroße Bohnenkerne dafür, die wie im Rezept auf Seite 51 vorgekocht werden. Wer sich die Arbeit des Vorkochens sparen möchte, kann gegarte Bohnenkerne aus der Dose nehmen.

2 junge grüne Zwiebeln · 2 Tassen gekochte weiße Bohnenkerne · je 1 Prise Salz und Pfeffer · 2–3 Eßl. Olivenöl · 1 Eßl. Essig
Zum Garnieren: 2 hartgekochte Eier · einige schwarze Oliven

- Zubereitungszeit: 15 Minuten

So wird's gemacht: Die Zwiebeln waschen, das Wurzelende abschneiden und die länglichen Zwiebeln mit den grünen Blättern in etwa 1 cm dicke Scheiben schneiden. • Die Zwiebelscheibchen mit den weißen Bohnen, dem Salz, dem Pfeffer, dem Öl und dem Essig mischen. • Die Eier schälen, in Scheiben schneiden und mit den Oliven obenauflegen.

Rote-Bete-Salat

Patsárja saláta

In Griechenland verwendet man für einen Rote-Bete-Salat auch die grünen Blätter und die Stiele der Bete.

1 kg rote Bete (rote Rüben) · Salz · 1 große Zwiebel · 1 Prise Pfeffer · 3–4 Eßl. Olivenöl 2 Eßl. Essig

- Zubereitungszeit: 20 Minuten
- Garzeit: 1 Stunde und 30 Minuten
- Marinierzeit: etwa 20 Minuten

So wird's gemacht: Von den roten Beten die Stiele mit den Blättern abschneiden. Die Bete unter fließendem kaltem Wasser gründlich bürsten, in kochendes Salzwasser legen und zugedeckt 30 Minuten kochen lassen. • Die Stiele und die Blätter ebenfalls waschen. Die Stiele in 6 cm lange Stücke schneiden und nach 30 Minuten Kochzeit zu den roten Beten geben. • Nach wiederum 30 Minuten die Blätter zufügen und alles weitere 30 Minuten kochen lassen. • Die roten Beten aus dem Wasser heben, etwas abkühlen lassen, schälen und in Scheiben schneiden. Die Stiele und Blätter in kleine Stücke schneiden und mit den Scheiben mischen. • Die Zwiebel schälen, kleinwürfeln und mit 1 Prise Salz, dem Pfeffer, dem Öl und dem Essig unter den Salat geben und diesen gut durchziehen lassen.

Mein Tip Wenn Sie den Rote-Bete-Salat typisch griechisch anrichten wollen, dann legen Sie die Schüssel mit gekochten Blättern der Bete aus.

Artischockensalat

Anginàres saláta

6–8 Artischocken · 1 1/2 l Wasser · 1/2 Teel. Salz · Saft von 2 Zitronen · abgeriebene Schale von 1/2 Zitrone (unbehandelt) · etwas Olivenöl

- Zubereitungszeit: 20 Minuten
- Garzeit: 45 Minuten

So wird's gemacht: Die Artischocken, wie auf Seite 10 beschrieben, vorbereiten. • Das Wasser mit dem Salz zum Kochen bringen. Die vorbereiteten Artischocken mit dem Saft von 1 Zitrone und der abgeriebenen Zitronenschale ins Wasser geben und 45 Minuten kochen lassen. • Die Artischocken aus dem Wasser heben, abtropfen lassen und je nach Größe in Viertel oder Achtel schneiden. Die Artischockenstücke mit dem restlichen Zitronensaft und dem Olivenöl beträufeln.

Variante – Artischocken mit Rührei
Die gekochten Artischocken ganz lassen, mit Rührei füllen, auf Salatblättern anrichten.

Zucchinisalat

Kolokjitákja saláta

750 g Zucchini (Courgettes) · Salz · etwas Essig und Olivenöl · nach Belieben 3 hartgekochte Eier

- Zubereitungszeit: 10 Minuten
- Garzeit: 30 Minuten

So wird's gemacht: Die Zucchini, wie auf Seite 12 beschrieben, vorbereiten, und unzerschnitten in Salzwasser weich kochen. • Die Zucchini in einem Sieb abtropfen lassen, dann in Scheiben schneiden. (Ganz kleine Zucchini kann man ganz lassen.) Die Zucchinischeiben salzen und mit Essig und Öl anmachen. • Nach Belieben die gekochten Eier in Scheiben schneiden und unter den Salat heben.

Gebratene Lammleber

Sikotákja arnjú

500 g Lammleber · 1/2 Tasse Olivenöl · je 1 Prise Salz und Pfeffer · Saft von 1–2 Zitronen

- Zubereitungszeit: 15 Minuten

So wird's gemacht: Die Leber kurz kalt abbrausen, trockentupfen und von Sehnen und Häutchen befreien. Die Leber in kleine Stükke schneiden. • Das Öl in einer Pfanne erhitzen und die Leberstückchen unter Umwenden in etwa 5 Minuten darin weich braten. Die Leber vom Herd nehmen, salzen, pfeffern und mit dem Zitronensaft übergießen.

Für ein Land der geographischen Lage Griechenlands gehören Fische und alle möglichen Arten von Meerestieren selbstverständlich zu den typischen Tafelfreuden. Viele Seefische werden frisch oder tiefgefroren auch in Mitteleuropa angeboten, manche Spezialitäten außerdem in Dosen. Griechische Fischgerichte lassen sich also fast ausnahmslos auch fern von den Fanggründen nachkochen. Wichtig sind dabei die landesübliche Zubereitungsart sowie die jeweils besondere Würze. Sollten Sie für ein geplantes Fischessen den im Rezept angegebenen Fisch einmal nicht kaufen können, dann weichen Sie einfach auf einen Seefisch ähnlicher Konsistenz und Geschmacksrichtung aus.

Über die Vorbereitung der Fische und vor allem der Tintenfische finden Sie alles Wichtige auf den Seiten 9 und 10.

Rote Barbe mit Tomatensauce

Barbúnia mé sáltsa tomáta

Unter der Vielzahl der in Griechenland angebotenen Fische sind die Barbúnia besonders beliebt. Hierzulande ist dieser kleine bis mittelgroße rötliche Fisch unter dem Namen »rote Barbe« bekannt. Meistens werden die roten Barben nur in Mehl gewendet und in Öl gebraten. Die folgende Zubereitungsart erscheint mir aber auch reizvoll.

800 g küchenfertige rote Barben · 1 Zwiebel · 1 Knoblauchzehe · etwa 1/2 Tasse Olivenöl · 1 Eßl. Tomatenmark · Saft von 1 Zitrone · 1 Lorbeerblatt · 1 Zweig Rosmarin · je 1 Messerspitze Zucker, Salz und Pfeffer

- Zubereitungszeit: 30 Minuten

So wird's gemacht: Die Fische innen und außen unter fließendem kaltem Wasser leicht abbrausen und trockentupfen. Die Zwiebel schälen und in kleine Würfel schneiden. Die Knoblauchzehe ebenfalls schälen und kleinwürfeln. • Das Öl erhitzen und die Fische von jeder Seite 5 Minuten darin braten. Die Fische auf einer vorgewärmten Platte warm stellen. • 1/3 Tasse Bratöl in der Pfanne lassen und die Zwiebelwürfel darin glasig anbraten. Das Tomatenmark mit wenig Wasser anrühren und zu den Zwiebelwürfeln geben. Die Knoblauchwürfelchen, den Zitronensaft, das Lorbeerblatt, den Rosmarin, den Zucker, das Salz und den Pfeffer zugeben und alles bei milder Hitze unter Umrühren 15 Minuten kochen lassen. • Die gebratenen Fische in die Sauce legen und bei sehr milder Hitze noch 5 Minuten ziehen lassen.

Das paßt dazu: Pommes frites, Kartoffelpüree oder Reis und ein beliebiger frischer Salat.

Fisch im Backofen

Psári stó fúrno

Ein typisch griechisches Fischgericht sind im Backofen gegarte Sardinen, griechisch gháwri. Diesen kleinen Fischen trennt man den Kopf ab und bereitet sie entweder mit Oregano und Zitronensaft oder mit Petersilie und Tomaten. Da es schwierig ist, im Binnenland frische Sardinen zu bekommen, sollten Sie diese Zubereitungsart einmal mit Goldbarsch- oder Seezungenfilet versuchen.

800 g Goldbarschfilet · ½ Tasse Olivenöl · Saft von 2 Zitronen · je 1 Prise Salz, Pfeffer und Oregano · etwa 1 Eßl. Butterflocken

- Zubereitungszeit: 10 Minuten
- Garzeit: 35 Minuten

So wird's gemacht: Die Fischfilets waschen, trockentupfen und große Gräten entfernen. Den Backofen auf 220 °C vorheizen. • Die Fischfilets in eine feuerfeste Form legen, das Öl und den Zitronensaft darüberträufeln. Alles mit dem Salz, dem Pfeffer und dem Oregano würzen und die Butterflocken darauf verteilen. Die Fischfilets 35 Minuten garen.

Das paßt dazu: Kartoffelpüree und grüner Salat.

Gebackene Seezungenfilets

Ghlósses stó fúrno

800 g Seezungenfilets · ½ Tasse Olivenöl · je 1 Prise Salz und Pfeffer · 1 Eßl. kleingeschnittene Petersilie · 4 Tomaten · etwa 1 Eßl. Butterflocken

- Zubereitungszeit: 15 Minuten
- Garzeit: 35 Minuten

So wird's gemacht: Die Fischfilets kurz kalt abbrausen, trockentupfen und von großen Gräten befreien. Die Seezungenfilets in eine feuerfeste Form legen und das Öl darüberträufeln. Den Backofen auf 220 °C vorheizen. • Die Filets salzen und pfeffern und mit der Petersilie bestreuen. Die Tomaten waschen, abtrocknen und in Scheiben schneiden. Die Tomatenscheiben auf die Seezungenfilets legen und darauf die Butterflocken geben. Die Filets 35 Minuten im Backofen garen, mit dünnen Zitronenscheiben garnieren und servieren.

Das paßt dazu: Salzkartoffeln und grüner Salat.

Fisch mit Tomaten

Psári mé tomátes

1 kg küchenfertiger Fisch (Rotbarsch, Schellfisch oder Zander) · 1 Sträußchen Petersilie · 1 Knoblauchzehe · 500 g Tomaten · ½ Tasse Olivenöl · ½ Tasse Weißwein · je 1 Prise Salz und Pfeffer · 3 Eßl. Semmelbrösel

- Zubereitungszeit: 15 Minuten
- Garzeit: 45 Minuten

So wird's gemacht: Den Fisch innen und außen unter fließendem kaltem Wasser waschen und gut trockentupfen. • Die Petersilie waschen und kleinschneiden. Die Knoblauchzehe schälen und zerdrücken. Die Tomaten heiß überbrühen, häuten, in Stücke schneiden und im Mixer zerkleinern. • Das Öl in einem kleinen Topf erhitzen, den Tomatenbrei, den Wein, die kleingeschnittene Petersilie, die zerdrückte Knoblauchzehe, das Salz und den Pfeffer zugeben und alles 10 Minuten bei milder Hitze kochen lassen. Den Backofen auf 220 °C vorheizen. • Den Fisch in eine feuerfeste Form legen und das Tomatenpüree darüber verteilen. Die Hälfte der Semmelbrösel über das Tomatenpüree streuen und den

Fisch im Backofen insgesamt 45 Minuten braten. • Nach der halben Bratzeit den Fisch umdrehen, mit dem Bratenfond beschöpfen, mit den restlichen Semmelbröseln bestreuen und fertigbraten.

Das paßt dazu: Pommes frites oder Reis und Salat.

Kabeljau mit Suppe

Bakaljáros mé súpa
Bild Seite 28

Diese Fischsuppe ist ein köstliches Wintergericht. Der in der Suppe gegarte Kabeljau ergibt zugleich einen zweiten Gang. Zuerst serviert man die Suppe und anschließend den Fisch mit dem Gemüse, dazu die Mayonnaise.

1 kg küchenfertiger Kabeljau im Stück · 2 Eßl. Olivenöl · 1 Eßl. Zitronensaft · 5 Kartoffeln · 2 Karotten · 2 Tomaten · 2 Zucchini (Courgettes) · 1 Handvoll Petersilie und Sellerieblätter · 1 Zwiebel · je 1 gute Prise Salz und Pfeffer
Für die Suppe: 3/4 Tasse Reis · 1 Ei · Saft von 1 Zitrone
Für die Mayonnaise: 2 Eier · 1 Tasse Wasser · Salz · 1 Teel. Senf · Saft von 1 Zitrone · 1 Tasse Olivenöl

- Zubereitungszeit: 40 Minuten
- Garzeit: 1 Stunde

So wird's gemacht: Den Fisch unter fließendem kaltem Wasser innen und außen abbrausen, trockentupfen, mit einigen Tropfen Öl und Zitronensaft einreiben und zugedeckt liegenlassen. • Die Kartoffeln schälen und halbieren. Die Karotten schaben und längs halbieren. Die Tomaten in Achtel schneiden. Die Zucchini waschen und ganz lassen. Die Petersilien- und Sellerieblättchen waschen. Die Zwiebel schälen. • Die Kartoffeln, alles Gemüse und die Kräuter in einen großen Topf geben, mit dem restlichen Öl, dem restlichen Zitronensaft, dem Salz und dem Pfeffer mischen und mit so viel Wasser auffüllen, daß das Gemüse knapp mit Flüssigkeit bedeckt ist. Alles zugedeckt kochen lassen, bis die Kartoffeln weich sind. • Gemüse und Kartoffeln mit einem Schaumlöffel aus der Brühe heben und warm stellen. Den Fisch in den Gemüsesud legen und bei milder Hitze 15 Minuten darin garziehen lassen. (Der Fisch ist gar, wenn man die Gräten leicht herausziehen kann.) • Den Fisch mit dem Schaumlöffel vorsichtig aus der Suppe heben, so daß er nicht zerfällt, der Länge nach teilen und die Hauptgräte entfernen. Den Kopf und die Haut ebenfalls entfernen. Den Fisch wieder in der ursprünglichen Form zusammensetzen und auf eine vorgewärmte Platte legen. Das Gemüse und die Kartoffeln um den Fisch anrichten, zudecken und im Backofen warm halten. • Die Brühe durch ein Sieb gießen, etwas salzen und den gewaschenen Reis darin weichkochen. • Für die Mayonnaise die Eier in Eigelbe und Eiweiße trennen. Das Wasser mit wenig Salz zum Kochen bringen, das Eiweiß hineingießen und stocken lassen. Das gestockte Eiweiß aus dem Wasser nehmen und erkalten lassen. • Die Eigelbe mit dem Senf, dem Zitronensaft und dem gestockten Eiweiß im Mixer pürieren und nach und nach tropfenweise das Öl zufügen. • Die Suppe vom Herd nehmen. Das Ei mit dem Zitronensaft verquirlen, wenig warme Suppe dazugeben, die Mischung in die Suppe rühren und diese sofort servieren.

Kabeljauscheiben in Backteig

Bakaljáros pané

800 g Kabeljau in Scheiben · Saft von 2 Zitronen · 1 Prise Salz · 4 gestrichene Eßl. Mehl · 1 Tasse Milch · 2 Eier · etwa 2 Tassen Olivenöl

- Zubereitungszeit: 30 Minuten

So wird's gemacht: Die Kabeljauscheiben unter fließendem kaltem Wasser waschen, trockentupfen und die großen Gräten entfernen. Die Kabeljauscheiben mit etwas Zitronensaft beträufeln, mit dem Salz bestreuen und zugedeckt ziehenlassen. • Das Mehl mit der Milch zu einem dickflüssigen Brei verrühren – eventuell noch etwas Wasser zufügen – die Eier unter den Mehlbrei quirlen und 1 Prise Salz zufügen. • Die Fischscheiben in dem Ausbackteig wenden und im heißen Öl in der Pfanne von beiden Seiten etwa 7 Minuten braten. • Die gebratenen Fischscheiben vor dem Servieren mit Zitronensaft beträufeln.

Das paßt dazu: Rote-Bete-Salat (Rezept Seite 19) und Skordaliá (Rezept Seite 14).

Mein Tip Nach dem gleichen Rezept können Sie auch Stockfisch zubereiten. Die Stockfische müssen jedoch 24 Stunden gewässert werden; das Wasser mehrmals erneuern. Vor dem Braten die Stockfische häuten, in Stükke schneiden und die Gräten entfernen.

Fritierte kleine Tintenfische

Kalamarákja tighanitá

800 g kleine Tintenfische (Kalamarákja) · etwas Salz · Mehl zum Panieren · 1–1 1/2 l Olivenöl zum Fritieren · Saft von 2 Zitronen

- Zubereitungszeit: 20 Minuten
- Garzeit: 20 Minuten

So wird's gemacht: Die Tintenfische, wie auf Seite 10 beschrieben, vorbereiten, gründlich waschen, mit einem Küchentuch trockenreiben und in etwa 2–3 cm große Stücke schneiden. • Die Tintenfischstücke mit Salz bestreuen und in Mehl wenden; überflüssiges Mehl wieder abklopfen, damit es im Fett nicht zu rasch bräunt und Bitterstoffe entwickelt. • Das Öl im Fritiertopf auf 175 °C erhitzen und die panierten Fischstücke etwa 15–20 Minuten fritieren, während dieser Zeit einmal umwenden. • Die fritierten Tintenfischstücke mit einem Schaumlöffel aus dem Fett heben, auf Küchenkrepp etwas abtropfen lassen und heiß mit Zitronensaft servieren.

Kleine Tintenfische mit Reis

Kalamarákja mé rísi

750 g kleine Tintenfische (Kalamarákja) · 400 g Tomaten · 1 Sträußchen Petersilie · 1/2 Tasse Olivenöl · 3/4 Tasse Weißwein ·

je 1 gute Prise Salz und Pfeffer · 2 Tassen Reis · Saft von 1 Zitrone

- Zubereitungszeit: 25 Minuten
- Garzeit: 45 Minuten

So wird's gemacht: Die Tintenfische, wie auf Seite 10 beschrieben, vorbereiten, und gründlich waschen. Das Fleisch der Tintenfische in 3 cm große Stücke schneiden. • Die Tomaten heiß überbrühen, häuten und im Mixer zerkleinern. Die Petersilie waschen, abtropfen lassen und kleinhacken. • Das Olivenöl erhitzen und das Tomatenpüree unter Umrühren darin anbraten. Die Tintenfischstücke zugeben und mit der gehackten Petersilie, dem Wein, dem Salz und dem Pfeffer zugedeckt 40 Minuten bei milder Hitze schmoren lassen. • Inzwischen den Reis weich kochen, absieben und unter das Tintenfischragout mengen. Das Gericht mit dem Zitronensaft abschmecken.

Das paßt dazu: grüner Salat.

Miesmuscheln mit Reis

Mídja mé rísi

Bei der Zubereitung von Muscheln müssen Sie gut darauf achten, daß alle fest geschlossen sind. Bereits geöffnete Muscheln müssen weggeworfen werden, da die Tiere tot sind und giftig sein können.

2 Tassen Reis · 1½ kg Miesmuscheln · 1 Zwiebel · 500 g Tomaten · ½ Tasse Olivenöl · 1 Tasse Weißwein · je 1 gute Prise Salz und Pfeffer

- Zubereitungszeit: 20 Minuten
- Garzeit: 30 Minuten

So wird's gemacht: Den Reis gesondert weich kochen und nach dem Kochen in einem Sieb abtropfen lassen. • Die Muscheln unter fließendem kaltem Wasser gründlich bürsten. Die Zwiebel schälen und kleinschneiden. Die Tomaten heiß überbrühen, häuten und im Mixer zerkleinern. • Das Öl erhitzen, die Zwiebelwürfel und das Tomatenpüree darin unter Umrühren anbraten. Den Wein zufügen und alles bei starker Hitze zum Kochen bringen. • Die Muscheln in die kräftig kochende Flüssigkeit schütten und den Kochtopf fest zudekken. Die Muscheln bei starker Hitze 6–8 Minuten kochen lassen und den Topf während dieser Zeit mehrfach kräftig schütteln, damit die Muscheln gleichzeitig gar werden. Sie sind gar, wenn sich die Schalen geöffnet haben. • Den abgetropften Reis, das Salz und den Pfeffer unter die Muscheln mischen und darin bei milder Hitze in 10 Minuten wieder erwärmen; eventuell etwas Wasser zufügen.

Das paßt dazu: Kjeftédes (Rezept Seite 36) und grüner Salat.

Mein Tip Wenn Sie dem Gericht einen besonders aparten Geschmack geben möchten, so fügen Sie dem Reis 50 g Korinthen bei. Es eignet sich dann gut als kalte Vorspeise.

Fleisch nach griechischer Art

Der Lammbraten darf vor allem beim reichen Ostermahl nicht fehlen. Lammfleisch wird aber auch sonst im Jahr, solange es angeboten wird, bevorzugt zubereitet. Für den Osterbraten werden die Lämmer mit Milch aufgezogen und mit besonderen Kräutern gefüttert, die dem Lammfleisch dann sein unvergleichliches Aroma verleihen. Für das österliche Festessen wird der Lammbraten, vor allem auf dem Lande, traditionsgemäß an langen Spießen über Holzkohlenfeuer gegrillt. Aus den Gedärmen und den Innereien der Lämmer wird die Majirítsa, die Ostersuppe, bereitet. Auch Lammkoteletts, Innereien und Hackfleisch vom Lamm werden sehr geschätzt.

Neben Lammfleisch ist Fleisch von jungen Rindern – Moscári – sehr beliebt. Moscári wird meist mit einer typischen Olivenölsauce serviert oder zusammen mit Gemüse, Kartoffeln oder Makkaroni zubereitet. Ragouts aus Moscári, in kleinen Tontöpfchen überbacken, serviert man gern als Vorspeisen.

Daneben kennt und schätzt man in Griechenland aber auch Kalbfleischgerichte, Schweinebraten – am festlichsten als Spanferkel – und Eintöpfe mit Schweinefleisch. Eine große Rolle spielen auch in der täglichen Küche reizvolle Varianten mit Hackfleisch – das man hierfür übrigens immer zweimal durch den Fleischwolf dreht.

Lammfleischspießchen

Suwlákja arnjú
Bild auf dem Titel

1 kg Lammfleisch (Keule)
Für die Sauce: 1–2 Knoblauchzehen · 1/2 Tasse Olivenöl · Saft von 1 1/2 Zitronen · je 1 gute Prise Salz und Pfeffer · 1 gestrichener Teel. getrockneter Oregano · 2 Eßl. Olivenöl

- Zubereitungszeit: 30 Minuten
- Marinierzeit: einige Stunden
- Garzeit: 15 Minuten

So wird's gemacht: Das Fleisch in kleinere Stücke schneiden. Den Knoblauch schälen und mit Salz zerdrücken. Das Olivenöl mit dem Zitronensaft, den zerdrückten Knoblauchzehen und den Gewürzen in einer Schüssel vermischen. Die Fleischwürfel einige Stunden in der Sauce marinieren, ab und zu umwenden • Die Fleischstückchen auf entsprechende Spießchen stecken, ringsherum grillen und dabei einige Male mit dem Olivenöl bestreichen. Heiß servieren.

Das paßt dazu: gefüllte Paprikaschoten (Rezept Seite 50), gebratene Auberginenscheiben (Rezept Seite 53).

Gegrillte Lammkoteletts

Kotolétes arnjú scáras
Bild Seite 27

8 Lammkoteletts · 2 Eßl. Olivenöl · Saft von 2 Zitronen · je Kotelett 1 gute Prise Salz, Pfeffer und getrockneter Thymian

- Zubereitungszeit: 20 Minuten

So wird's gemacht: Die Koteletts leicht klopfen. Jedes Kotelett zuerst von einer Seite mit Öl bestreichen, mit etwas Zitronensaft be-

Zum Bild auf Seite 27: Gegrillte Lammkoteletts, Kjeftédes und Reis mit Spinat, Rezepte Seite 26, 36 und 44.
◁ Kabeljau mit Suppe, Rezept Seite 23

träufeln, salzen, pfeffern und mit Thymian bestreuen. • Die Koteletts dann mit der beölten Seite auf den Grillrost legen oder im Elektrogrill oder auf der Grillpfanne 7 Minuten grillen. • Vor dem Umwenden die andere Seite der Koteletts ebenfalls mit Öl bestreichen, mit Zitronensaft beträufeln und mit Salz, Pfeffer und Thymian würzen. Weitere 7 Minuten grillen.

Das paßt dazu: Pommes frites und Salat.

Lammfleisch im Backofen

Arní stó fúrno

2 kg Lammschlegel (Lammkeule) mit Knochen · Saft von 2 Zitronen · je 1 gute Prise Salz und Pfeffer · 2 Eßl. flüssige Butter · 150 g Schweizer Käse · 1 1/2 kg kleine Kartoffeln · 1 gute Prise getrockneter Thymian · 3/4 Tasse Olivenöl

- Zubereitungszeit: 20 Minuten
- Garzeit: 1 Stunde und 30 Minuten

So wird's gemacht: Den Knochen der Lammkeule auslösen oder bereits beim Fleischer auslösen lassen. Die Innenfläche der Lammkeule mit dem Saft von 1/2 Zitrone beträufeln, mit etwas Salz und Pfeffer bestreuen und die flüssige Butter darüberträufeln. Den Käse in drei Stücke schneiden und diese auf das Fleisch legen. Das Fleisch zu einer Rolle formen und mit Küchengarn zusammenbinden. Die Rolle von außen salzen und pfeffern. Die Kartoffeln schälen und waschen, nicht zerschneiden. • Das Fleisch in eine Kasserolle legen und rundherum die Kartoffeln verteilen. Die Kartoffeln mit etwas Salz und Pfeffer und dem zwischen den Fingern zerriebenen Thymian bestreuen. Das Öl und den restlichen Zitronensaft über Fleisch und Kartoffeln träufeln und alles bei 220 °C im vorgeheizten Backofen 1 Stunde und 30 Minuten braten. • Nach 45 Minuten die Kartoffeln umwenden und nur über diese 1/2 Tasse Wasser gießen.

Das paßt dazu: grüner Salat, Schafkäse, Oliven oder gefüllte Weinblätter (Rezept Seite 47).

Neben Lammfleisch spielt in der griechischen Küche auch junges Rind – Moscári – eine große Rolle. Das Fleisch junger Rinder – sie sind bis 1 1/2 Jahre alt – ist an der hell- bis ziegelroten Farbe zu erkennen. Kalbfleisch hat eine rosa Farbe, da sich das Kalb ausschließlich von Milch ernährt. Meine Rezepte habe ich vorwiegend mit jungem Rindfleisch verfaßt, das hier bevorzugt wird. Für die folgenden Gerichte eignet sich Fleisch aus der Keule.

Rinderbraten mit Kartoffeln

Moscári psitó mé patátes

1 Tasse Olivenöl · 1 kg Rindfleisch · je 1 gute Prise Salz und Pfeffer · Saft von 1 Zitrone · 2 Tomaten · 1 Zwiebel · 1 Karotte · 1 Eßl. kleingeschnittene Petersilie · 3/4 Tasse Wasser · 1 kg kleine Kartoffeln

- Zubereitungszeit: 20 Minuten
- Garzeit: 1 Stunde und 30 Minuten

So wird's gemacht: ½ Tasse Öl in einer Kasserolle erhitzen und das Fleischstück von allen Seiten rundherum anbraten. Den Braten salzen, pfeffern und den Zitronensaft zugeben. • Die Tomaten waschen, abtrocknen und halbieren. Die Zwiebel schälen und halbieren. Die Karotte schaben und längs halbieren. Die Tomaten-, die Zwiebel- und die Karottenhälften sowie die Petersilie zum Fleisch geben. Das Wasser zugießen und alles zugedeckt 1 Stunde und 15 Minuten bei milder Hitze garen. • Die Kartoffeln schälen und ganz lassen. Das restliche Olivenöl in einer großen Pfanne erhitzen und die Kartoffeln von allen Seiten bei mittlerer Hitze rundherum knusprig braun braten. • Die Kartoffeln nach 1 Stunde und 15 Minuten zum Fleisch geben und 15 Minuten mitgaren lassen.

Das paßt dazu: Weißkrautsalat.

Variante – Kalbfleisch mit Kartoffeln
Das Rindfleisch durch Kalbfleisch ersetzen, dieses aber nicht in Olivenöl, sondern in 50 g Butter anbraten. Bereits nach 30 Minuten Garzeit die ungebratenen Kartoffeln und ½ Tasse Wasser zufügen und weitere 35 Minuten garen.

Rinderrollbraten

Moscári roló

2 Tomaten · 1 Zwiebel · 1 Knoblauchzehe · 1 kg Rindfleisch · je 1 gute Prise Salz und Pfeffer · 5 Pfefferkörner · 3 Gewürznelken · ½ Tasse Olivenöl oder 50 g Butter · 1 Tasse Rotwein · 2 Lorbeerblätter · 1 Zweig Rosmarin · ½ Tasse Wasser · 1 Teel. Tomatenmark · 1 gestrichener Teel. Zimt

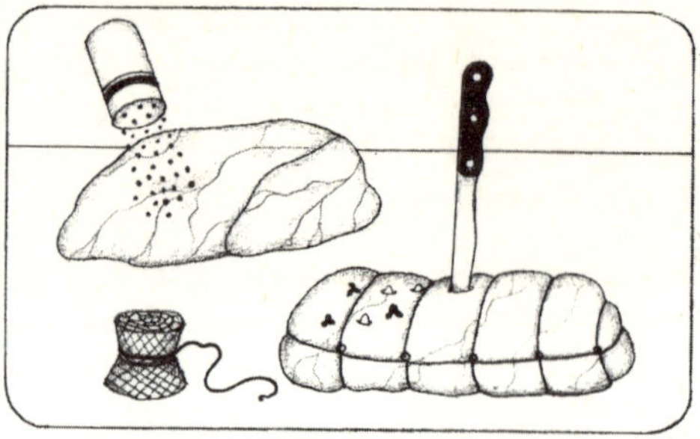

Das Fleisch salzen, rollen und mit Küchengarn binden. Dann mit spitzem Messer kleine Einschnitte machen und die Gewürze hineinstecken.

- Zubereitungszeit: 15 Minuten
- Garzeit: 1 Stunde und 30 Minuten

So wird's gemacht: Die Tomaten heiß überbrühen, häuten und im Mixer zerkleinern. Die Zwiebel schälen und in Achtel schneiden. Die Knoblauchzehe schälen und der Länge nach vierteln. • Das Fleisch mit dem Salz und Pfeffer einreiben, zu einer Rolle formen und mit Küchengarn zusammenbinden. Die Fleischrolle einigemale etwas einschneiden und die Knoblauchstückchen, die Pfefferkörner und die Gewürznelken in die Einschnitte stekken. • Das Öl oder die Butter in einem genügend großen Topf erhitzen und das Fleisch von allen Seiten darin gut anbraten. Den Wein, das Tomatenpüree, die Zwiebelachtel, die Lorbeerblätter, den Rosmarin und das mit dem Wasser angerührte Tomatenmark zufügen. Das Fleisch mit dem Zimt bestäuben und zugedeckt bei milder Hitze 1 Stunde und 30 Minuten schmoren lassen. • Vor dem Servieren Garn und Lorbeerblätter entfernen.

Das paßt dazu: Kartoffelpüree oder Makkaroni mit Käse (Rezept Seite 44), grüner Salat.

Rindfleisch mit Makkaroni

Moscári mé makarónja

1/2 Tasse Olivenöl · 1 kg Rindfleisch · je 1 gute Prise Salz und Pfeffer · 3 Tomaten · 1 Eßl. Tomatenmark · 1/2 Tasse Wasser · 375 g Makkaroni · 1 gestrichener Teel. Salz · 100 g geriebener Parmesankäse · etwa 1 Eßl. Butterflocken

- Zubereitungszeit: 20 Minuten
- Garzeit: 1 Stunde und 35 Minuten

So wird's gemacht: Das Öl in einer Kasserolle erhitzen. Das Fleisch von allen Seiten darin anbraten, dann salzen und pfeffern. Die Tomaten heiß überbrühen, häuten, halbieren und zum Fleisch geben. Das Tomatenmark mit 1/2 Tasse Wasser anrühren und ebenfalls zum Fleisch geben. Das Fleisch zugedeckt 1 Stunde bei milder Hitze garen. • Die Makkaroni in 10 cm lange Stücke brechen und in reichlich kochendem Salzwasser im offenen Topf halb weich kochen. • Den Backofen auf 220 °C vorheizen. Nach 1 Stunde Garzeit das Fleisch in eine feuerfeste Form legen, rundherum die Makkaroni geben, den Bratenfond darübergießen, alles noch etwas salzen und pfeffern und 30 Minuten im Backofen braten. • Nach Ende der Garzeit den Parmesankäse über die Makkaroni streuen und die Butterflöckchen darauf verteilen. Das Gericht weitere 5 Minuten im Backofen lassen.

Das paßt dazu: grüner Salat und Schafkäse.

Variante – Kalbfleisch mit Makkaroni
Statt Rindfleisch Kalbfleisch verwenden. Das Fleisch in größere Stücke schneiden und nicht in Öl, sondern in 50 g Butter anbraten. Die enthäuteten Tomaten im Mixer zerkleinern, mit 1/2 Tasse Weißwein und 1 Zweig Rosmarin, 1 Messerspitze Zimt, 2 Gewürznelken und 1 Lorbeerblatt zum Fleisch geben und alles 1 Stunde garen. Die Makkaroni separat weich kochen, zuletzt unter das Gericht mischen und alles mit Parmesankäse und Butterflöckchen versehen.

Rindfleisch mit Zucchini

Moscári mé kolokjitákja

1 kg Rindfleisch · 1 1/2 Tassen Wasser · knapp 7 Eßl. Olivenöl · je 1 gute Prise Salz und Pfeffer · 8 kleine Zucchini (Courgettes) · 1 Eßl. Tomatenmark

- Zubereitungszeit: 20 Minuten
- Garzeit: 1 Stunde und 25 Minuten

So wird's gemacht: Das Fleisch in Würfel schneiden. 1 Tasse Wasser in einem genügend großen Topf zum Kochen bringen, die Fleischwürfel hineinschütten und 15 Minuten kochen lassen. Während der Kochzeit hin und wieder umrühren, eventuell sich bildenden Schaum abschöpfen. • Nach 15 Minuten knapp 3 Eßlöffel Öl zugießen und die Fleischwürfel salzen und pfeffern. Das Fleisch zugedeckt 1 Stunde bei milder Hitze garen. • Die Zucchini leicht abschaben, beide Enden kurz abschneiden, die Früchte waschen und abtrocknen. Das restliche Öl in einer Pfanne erhitzen und die Zucchini darin rundherum bei mittlerer Hitze 15 Minuten braten; dann zum

Fleisch geben. • Das Tomatenmark mit 1/2 Tasse Wasser anrühren, unter das Fleisch mischen und alles zugedeckt weitere 10 Minuten schmoren lassen.

Das paßt dazu: Pommes frites oder Reispilaf (Rezept Seite 45).

Rindfleisch nach ländlicher Art

Moscári exochikó

Dieses Gericht sollte in kleinen Tonformen von etwa 15 cm Durchmesser gegart und in den Förmchen serviert werden.

1 kg Rindfleisch · 2 Zwiebeln · 3 Knoblauchzehen · 1/2 Tasse Olivenöl · je 1 gute Prise Salz und Pfeffer · 3/4 Tasse Weißwein · 2 Kartoffeln · 2 Karotten · 250 g frische Erbsen in den Schoten · 2 Tomaten · 1 Sträußchen Petersilie · 150 g Sahnequark

- Zubereitungszeit: 30 Minuten
- Garzeit: 1 Stunde und 20 Minuten

So wird's gemacht: Das Rindfleisch in kleine Würfel schneiden. Die Zwiebeln und die Knoblauchzehen schälen und würfeln. • Das Öl in einem großen Schmortopf erhitzen. Die Zwiebel- und die Knoblauchwürfel darin anbraten. Die Fleischwürfel zugeben und unter Umwenden ebenfalls kurz anbraten, dann salzen, pfeffern und den Weißwein zufügen. Das Fleisch zugedeckt etwa 30 Minuten schmoren lassen. • Die Kartoffeln schälen und würfeln. Die Karotten schaben, waschen und grob zerkleinern. Die Erbsen enthülsen. Die Tomaten heiß überbrühen, häuten und im Mixer zerkleinern. Die Petersilie waschen, abtropfen lassen, kleinschneiden und mit dem Sahnequark mischen. • Nach 30 Minuten Schmorzeit das Gemüse zum Fleisch geben und alles weitere 30 Minuten schmoren lassen. • Den Backofen auf 220 °C vorheizen. Die Gemüse-Fleisch-Mischung in die Tonförmchen füllen und darüber den Quark verteilen. Das Gericht in den Förmchen im Backofen weitere 20 Minuten garen.

Mein Tip Dieses Gericht ist auch als Vorspeise zu empfehlen.

Rindfleisch mit weißen Bohnen

Moscári mé gígantes

250 g große weiße Bohnenkerne · 1 kg Rindfleisch · 1 Zwiebel · 1/2 Tasse Olivenöl · 1 Eßl. Tomatenmark · 1 1/2 Tassen Wasser · je 1 gute Prise Salz und Pfeffer · 1 Sträußchen Petersilie

- Zubereitungszeit: 20 Minuten
- Garzeit: 1 Stunde und 30 Minuten

So wird's gemacht: Die weißen Bohnenkerne über Nacht mit Wasser bedeckt einweichen. • Die Bohnen am nächsten Tag mit reichlich frischem Wasser – die Bohnen sollen gut 2 Finger breit von Wasser bedeckt sein – bei mittlerer Hitze so lange kochen lassen, bis die Haut der Bohnenkerne aufplatzt. Während des Kochens nicht umrühren, aber kontrollieren, ob noch genügend Wasser im Topf ist; gegebenenfalls Wasser nachgießen. • Das Fleisch in größere Stücke schneiden. Die Zwiebel schälen und kleinwürfeln. • Das Öl in einer Kasserolle erhitzen, die Zwiebelwürfel darin anbraten, das Fleisch zugeben und von allen Seiten unter Umwenden ebenfalls anbraten. Das Tomatenmark mit 1 Tasse Wasser anrühren und mit dem Salz sowie dem Pfeffer zum Fleisch geben. Das Fleisch zugedeckt bei milder Hitze 1 Stunde und 15 Minuten garen. • Die Petersilie waschen, abtropfen lassen und kleinschneiden. Die Bohnen mit der Petersilie und 1/2 Tasse Wasser zum Fleisch geben, umrühren und weitere 15 Minuten garen.

Das paßt dazu: Salat, Schafkäse und Weißbrot.

Variante – Rindfleisch mit grünen Bohnen
Anstelle der weißen Bohnen 1 kg grüne Bohnen und 3 große, im Mixer zerkleinerte Tomaten mit dem Fleisch garen und etwa 1/2 Tasse Wasser zufügen.

Fleischtopf

Stifádho

Stifádho (stifádo) ist ein wohlschmeckendes und typisch griechisches Essen. Am besten gelingt Stifádho, wenn Sie möglichst kleine, junge Zwiebeln dafür verwenden; haben Sie nur größere Zwiebeln zur Verfügung, so werden diese ein- bis zweimal durchgeschnitten. Wer gerne Kaninchen mag, sollte auch die Variante einmal versuchen.

1 kg Rinderschulter mit Knochen · 1 kg kleine Zwiebeln · 1/2 Tasse Olivenöl · je 1 gute Prise Salz und Pfeffer · 2 Lorbeerblätter · 1 Zweig Rosmarin · 5 Pfefferkörner · 2 Eßl. Tomatenmark · 1 Tasse Wasser · 1/2 Tasse Rotwein · 1/4 Tasse Essig

- Zubereitungszeit: 30 Minuten
- Garzeit: 1 Stunde und 30 Minuten

So wird's gemacht: Die Knochen auslösen und das Fleisch in große Würfel schneiden. Die Zwiebeln schälen und sofort in eine Schüssel mit Wasser legen, bis alle Zwiebeln geschält sind, damit sie sich nicht verfärben. • Das Öl in einer Kasserolle erhitzen und das Fleisch von allen Seiten darin anbraten, dann salzen und pfeffern und die Knochen zugeben. Die Zwiebeln, die Lorbeerblätter, den Rosmarin und die Pfefferkörner zum Fleisch geben. Das Tomatenmark mit dem Wasser verrühren und mit dem Wein ebenfalls zufügen. Alles zugedeckt bei milder Hitze 1 Stunde und 30 Minuten garen. Das Gericht ab und zu umrühren. • Vor dem Servieren den Essig unter den Bratenfond rühren.

Das paßt dazu: Kartoffelpüree oder Pommes frites und grüner Salat.

Variante – Kaninchen-Stifádho
Statt Rinderschulter Kaninchenfleisch verwenden. Das Fleisch in kleinere Stücke schneiden, mit Essig beträufeln und zugedeckt 2 Stunden stehenlassen. Die Fleischstücke abtropfen lassen, salzen und pfeffern, in Mehl wenden und in 50 g Butter anbraten. Danach die Zwiebeln, die Gewürze, 3 enthäutete und im Mixer zerkleinerte Tomaten, je 1 Tasse Rotwein und Wasser zugeben.

Fleisch mit gebackenem Gemüse

Kréas mé lachaniká tighanitá

1 kg Rindfleisch · 1/2 Tasse Olivenöl · je 1 gute Prise Salz und Pfeffer · 1/2 Tasse Weißwein · 3 Tomaten · 2 Karotten · 2 Zucchini (Courgettes) · 1 Zwiebel · 3 Kartoffeln · etwa 1/2 l Olivenöl zum Fritieren

- Zubereitungszeit: 30 Minuten
- Garzeit: 1 Stunde und 30 Minuten

So wird's gemacht: Das Fleisch in größere Stücke zerschneiden. Das Öl erhitzen und die Fleischstücke von allen Seiten darin anbraten, dann salzen, pfeffern und den Wein zugießen. • Die Tomaten waschen, abtrocknen, in kleine Stücke schneiden, zum Fleisch geben und alles zugedeckt bei milder Hitze 1 Stunde garen. • Die Karotten schaben und würfeln. Die Zucchini ebenfalls schaben, die Enden kurz abschneiden und die Zucchini ebenfalls würfeln. Die Zwiebel schälen und in Scheiben schneiden. Die Kartoffeln schälen und in Würfel schneiden. • Das Öl zum Fritieren auf etwa 170 °C erhitzen und portionsweise erst die Karottenwürfel, dann die Zucchiniwürfel, die Zwiebelscheiben und zuletzt die Kartoffelwürfel im heißen Fett jeweils 7 Minuten fritieren. • Das gebackene Gemüse auf Küchenkrepp abtropfen lassen, zum Fleisch geben und alles zugedeckt weitere 30 Minuten garen.

Das paßt dazu: grüner Salat.

Kalbsragout

Tás-kjebáp

1 kg Kalbfleisch · 2 Zwiebeln · 3 Tomaten · 50 g Butter · je 1 gute Prise Salz und Pfeffer · 3/4 Tasse Wasser · 2 Lorbeerblätter · 4 Pfefferkörner · 2 Gewürznelken

- Zubereitungszeit: 10 Minuten
- Garzeit: 1 Stunde

So wird's gemacht: Das Kalbfleisch in kleine Stücke schneiden. Die Zwiebeln schälen und in dünne Scheiben schneiden. Die Tomaten heiß überbrühen, häuten und kleinschneiden. • Die Butter in einer Kasserolle erhitzen und die Fleischwürfel von allen Seiten darin anbraten. Das Fleisch salzen und pfeffern. Die Zwiebelscheiben und die Tomatenstücke zugeben und 5 Minuten mitschmoren lassen. • Dann das Wasser, die Lorbeerblätter, die Pfefferkörner und die Gewürznelken zufügen und alles zugedeckt bei milder Hitze 1 Stunde schmoren lassen.

Während der Wintermonate bereiten die Griechen mehr Mahlzeiten mit Schweinefleisch. Vor allem zum Festmenü am Neujahrstag gehört der berühmte Spanferkelbraten.

Spanferkel

Ghurunópulo psitó

1 Spanferkel von 5–6 kg, bratfertig gekauft · Salz und Pfeffer · 1 Eßl. Olivenöl · 1/2 l heißes Wasser · 1 Tasse Olivenöl · Saft von 2 Zitronen

- Zubereitungszeit: 20 Minuten
- Garzeit: etwa 3 Stunden

So wird's gemacht: Das Ferkel innen und außen kurz kalt abbrausen und trockentupfen, dann innen mit Salz und Pfeffer einreiben, außen mit 1 Eßlöffel Öl bepinseln. Das Ferkel mit dem Rücken nach oben in eine große Bratenpfanne legen. Das Maul mit einem Holzstab offenhalten. • Den Backofen auf 220 °C vorheizen. Das Spanferkel in den Ofen schieben. Nach 30 Minuten Bratzeit das heiße Wasser über das Ferkel gießen. 1 Tasse Olivenöl mit je 1 guten Prise Salz und Pfeffer sowie dem Zitronensaft verrühren. Während der restlichen Bratzeit das Ferkel wiederholt mit dieser Mischung bestreichen. • Sobald sich der Rücken braun färbt, wird er mit einem Stück Alufolie abgedeckt. Während der letzten 45 Bratminuten die Folie wieder entfernen und den Rücken gut bräunen lassen.

Das paßt dazu: Salzkartoffeln, Krautsalat.

Variante – Spanferkel mit Kartoffeln
1 Stunde vor Ende der Bratzeit 1 1/2 kg geschälte, halbierte oder kleine ganze Kartoffeln in die Bratenpfanne geben, 3/4 Tasse Wasser sowie 1 Lorbeerblatt und 2–3 geschälte Knoblauchzehen zufügen. Die Kartoffeln etwas salzen und pfeffern.

Variante – Schweinefleisch mit Kartoffeln
Statt eines Spanferkels können Sie auch eine Schweinekeule von etwa 1 kg mit den Kartoffeln wie die Variante des Spanferkels bereiten. Garzeit 2 Stunden.

Schweinefrikassee

Frikasé chirinó

1 kg Schweinefleisch · 1 Zwiebel · 1/2 Tasse Olivenöl · je 1 Prise Salz und Pfeffer · 500 g Endiviensalat oder römischer Salat (Bindesalat) · 1 1/2 Tassen Wasser
Für die Sauce: 1 Ei · Saft von 1 Zitrone

- Zubereitungszeit: 20 Minuten
- Garzeit: 1 Stunde und 30 Minuten

So wird's gemacht: Das Fleisch in große Stükke schneiden. Die Zwiebel schälen und kleinwürfeln. • Das Olivenöl in einer Kasserolle erhitzen. Die Zwiebelwürfel und die Fleischstücke unter Umwenden darin gut anbraten. Das Fleisch salzen und pfeffern. Etwas heißes Wasser angießen und das Fleisch zugedeckt bei milder Hitze 45 Minuten schmoren lassen. • Den Salat waschen, abtropfen lassen und in 1 cm breite Streifen schneiden. Die Salatstreifen mit dem Wasser nach 45 Minuten Garzeit zum Fleisch geben, alles umrühren und zugedeckt weitere 45 Minuten garen. • Das Frikassee vom Herd nehmen. Das Ei mit dem Zitronensaft verquirlen, etwas abgekühlte Garflüssigkeit unter das Eigemisch rühren, dann das Frikassee damit binden.

Das paßt dazu: Reis oder Weißbrot.

Variante – Schweinefrikassee mit Sellerie
Statt des Endivien- oder des römischen Salates können Sie eine kleinere Sellerieknolle sowie 1 Sträußchen Sellerieblätter zum Frikassee geben. Die Knolle unter fließendem Wasser gründlich bürsten, schaben und wie eine Orange teilen. Die Sellerieblätter waschen, abtropfen lassen und kleinschneiden. Nach

Am besten schmeckt die Fleischpastete ofenfrisch und noch warm. Rezept Seite 61. ▷

45 Minuten Garzeit die Selleriestückchen und Sellerieblätter mit 1 Tasse Wasser zum Fleisch geben und weitere 45 Minuten garen.

Hackfleischbällchen

Kjeftédes
Bild Seite 27

2 Scheiben Weißbrot · 1/2 Tasse Milch · 1 Zwiebel · 750 g Hackfleisch · 2 Eier · 1 1/2 Eßl. kleingeschnittene Petersilie · 1 Eßl. Zitronensaft · 1 Eßl. Olivenöl · 100 g geriebener Parmesankäse · 1/2 Teel. getrockneter Oregano · je 1 gute Prise Salz und Pfeffer · etwa 1 Tasse Mehl · 1/2 Tasse Olivenöl zum Braten

- Zubereitungszeit: 30 Minuten
- Ruhezeit: 30 Minuten

So wird's gemacht: Von den Weißbrotscheiben die Rinde abschneiden und das Brot in der Milch einweichen. Die Zwiebel schälen und kleinwürfeln. • Das Hackfleisch mit den Zwiebelwürfeln, den Eiern, der Petersilie, dem Zitronensaft, 1 Eßlöffel Olivenöl, dem Parmesankäse, dem Oregano, dem Salz, dem Pfeffer und dem gut ausgedrückten Weißbrot zu einem geschmeidigen Fleischteig verarbeiten. Den Teig 30 Minuten zugedeckt stehenlassen. • Jeweils 1 Eßlöffel vom Hackfleischteig abstechen, kleine Bällchen daraus formen, diese in Mehl wenden und im heißen Öl bei mittlerer Hitze unter öfterem Umwenden 15 Minuten braten.

Das paßt dazu: Reis mit Spinat (Rezept Seite 44).

Mein Tip Sollen die Kjeftédes etwas ausgefallen schmecken, fügt man zum Fleischteig 1 Teelöffel kleingehackte Pfefferminzblättchen hinzu. Wenn Sie keine frischen Pfefferminzblättchen bekommen, nehmen Sie getrocknete und zerreiben diese fein.

Hackfleischbällchen vom Rost

Kjeftédes scáras

3 Zwiebeln · 750 g Rinderhackfleisch · 3 Eßl. Semmelbrösel · je 1 gute Prise Salz und Pfeffer · 3–4 Eßl. Olivenöl · 1 Teel. getrockneter Oregano

- Zubereitungszeit: 15 Minuten
- Ruhezeit: 30 Minuten
- Garzeit: 15 Minuten

So wird's gemacht: Die Zwiebeln schälen und sehr klein hacken. Das Fleisch mit den gehackten Zwiebeln, den Semmelbröseln, dem Salz und dem Pfeffer vermengen und zugedeckt 30 Minuten stehenlassen. • Jeweils 1 Eßlöffel vom Hackfleischteig abnehmen und kleine Bällchen daraus formen. Die Bällchen mit Öl bestreichen und auf dem Rost des vorgeheizten Grills unter öfterem Umwenden 15 Minuten grillen. • Die Hackfleischbällchen nach dem Grillen mit etwas Oregano bestreuen.

Das paßt dazu: Pommes frites und Salat.

◁ Viele Gerichte der griechischen Küche werden im Ofen gegart; hier ein wohlschmeckender Kartoffelauflauf. Rezept Seite 45.

Hackfleischwürstchen

Sudsukákja

2 Scheiben Weißbrot · 1/2 Tasse Weißwein · 2 Knoblauchzehen · 750 g Hackfleisch · 1 Ei · 1 Teel. zerstoßener Kümmel · je 1 gute Prise Salz und Pfeffer · 1/2 Tasse Olivenöl
Für die Sauce: 1 Zwiebel · 30 g Butter · 2 gestrichene Eßl. Mehl · 1 Tasse Weißwein · 2 Eßl. Tomatenmark · 1 Tasse Wasser · je 1 Prise Salz und Pfeffer · 1/2 Teel. Zucker

- Zubereitungszeit: 20 Minuten
- Ruhezeit: 30 Minuten
- Garzeit: 30 Minuten

So wird's gemacht: Vom Weißbrot die Rinde abschneiden und das Brot in dem Wein einweichen. Die Knoblauchzehen schälen und zerdrücken. • Das Hackfleisch mit dem Ei, dem zerdrückten Knoblauch, dem zerstoßenen Kümmel, dem Salz, dem Pfeffer und dem ausgedrückten Weißbrot mischen. Den Fleischteig zugedeckt 30 Minuten stehenlassen. • Jeweils 1 Eßlöffel vom Fleischteig abnehmen, Würstchen daraus formen und diese im heißen Öl unter öfterem Wenden bei mittlerer Hitze 10 Minuten braten. • Für die Sauce die Zwiebel schälen und reiben. Die Butter zerlassen, die geriebene Zwiebel und das Mehl unter Umwenden darin anbräunen und mit dem Weißwein ablöschen. Das Tomatenmark mit dem Wasser verrühren und mit dem Salz, dem Pfeffer und dem Zucker zur Sauce geben, einmal aufkochen lassen. • Die Hackfleischwürstchen in die Sauce legen und alles zugedeckt bei milder Hitze 15 Minuten garen.

Das paßt dazu: Reis, Pommes frites oder Kartoffelpüree und Salat.

Hackfleischröllchen

Juwarlákja

1 Zwiebel · 1 Sträußchen Petersilie · 500 g Hackfleisch · 1/2 Tasse Reis · 2 Eßl. Olivenöl · je 1 Prise Salz und Pfeffer · 1 Tasse Mehl
Für die Sauce: 500 g Tomaten · 1 Prise Salz · 3 Eßl. Butter · 1/2 Tasse saure Sahne

- Zubereitungszeit: 20 Minuten
- Ruhezeit: 30 Minuten
- Garzeit: 35 Minuten

So wird's gemacht: Die Zwiebel schälen und kleinwürfeln. Die Petersilie waschen, abtropfen lassen und kleinschneiden. • Das Hackfleisch mit dem rohen Reis, dem Olivenöl, dem Salz, dem Pfeffer, den Zwiebelwürfeln und der Petersilie zu einem geschmeidigen Teig verarbeiten; eventuell noch etwas Wasser zugeben. Den Teig zugedeckt 30 Minuten stehenlassen. • Jeweils 1 Eßlöffel vom Fleischteig abnehmen und daraus kleine Röllchen formen. Die Röllchen in Mehl wenden. • Für die Sauce die Tomaten heiß überbrühen, häuten und im Mixer zerkleinern. Das Tomatenpüree mit Wasser zu einem halben Liter auffüllen, salzen und mit der Butter zum Kochen bringen. Die Röllchen hineinlegen und zugedeckt bei milder Hitze 35 Minuten garen. • Zuletzt die saure Sahne untermischen.

Variante – Hackfleischröllchen in Zitronensauce

Die Röllchen statt in Tomatensauce in 3/4 l kochendes Wasser mit 3 Eßl. Butter und 1/2 Teel. Salz geben und garen. • 1 Ei mit dem Saft von 1 Zitrone schlagen, 1 Eßl. Speisestärke zufügen. • Diese Sauce zum Schluß über die etwas abgekühlten Röllchen geben.

Die Geflügelgerichte der griechischen Küche schmecken sehr gut und kommen relativ häufig auf den Tisch. Hühner und Hähnchen werden in der griechischen Küche gerne gebraten, geschmort, in Zitronensuppe oder mit Gemüse zubereitet. Traditioneller Weihnachtsbraten ist der gefüllte Truthahn.

Huhn in Zitronensuppe

Kóta mé súpa awgholémono

Dieses typische Gericht kann man mit Weißbrot als Hauptgericht servieren oder auch als Suppe bei einem größeren Menü.

1 kochfertiges Suppenhuhn · 1 Karotte · 1 Zwiebel · 1 Zweig Petersilie · 1 Sellerieblatt · 1½ l Wasser · 1 Prise Salz · ¾ Tasse Reis · 1 Eßl. Olivenöl · 1 Ei · Saft von 1 Zitrone

- Zubereitungszeit: 20 Minuten
- Garzeit: 1 Stunde und 15 Minuten

So wird's gemacht: Das Huhn unter fließendem kaltem Wasser innen und außen gründlich waschen, abtropfen lassen und in Viertel schneiden. Die Karotte schaben, der Länge nach vierteln und die Viertel noch einmal halbieren. Die Zwiebel schälen und in Achtel schneiden. Die Petersilie und den Sellerie waschen und abtropfen lassen. • Das Wasser mit dem Salz zum Kochen bringen, die Huhnviertel, die Karotten- und Zwiebelstücke sowie die Kräuter hineingeben und alles im offenen Topf 1 Stunde kochen lassen. Den Schaum, der sich anfangs bildet, wiederholt abschöpfen. • Nach 1 Stunde Kochzeit die Huhnstücke herausnehmen, die Suppe durch ein Sieb gießen und in den Topf zurückgeben. Den Reis und das Olivenöl in die Brühe geben und den Reis bei milder Hitze 15 Minuten körnig kochen. • Das Hühnerfleisch von Haut und Knochen befreien und in mundgerechte Stücke schneiden. Das Ei in Eiweiß und Eigelb trennen. Das Eiweiß zu steifem Schnee schlagen. Das Eigelb und den Zitronensaft unter den Eischnee rühren. Die Suppe vom Herd nehmen und etwa 5 Minuten abkühlen lassen. • Den angerührten Eischnee unter die Suppe heben und das Geflügelfleisch zufügen.

Huhn mit Kartoffeln

Kotópulo mé patátes stó fúrno

1 küchenfertiges Brathuhn (Poularde) · Salz und Pfeffer · 1½ kg Kartoffeln · 1 Teel. getrockneter Thymian · ¾ Tasse Olivenöl · Saft von 1 Zitrone · ⅓ Tasse heißes Wasser · etwa 1 Eßl. Butterflocken

- Zubereitungszeit: 20 Minuten
- Garzeit: 1 Stunde und 15 Minuten

So wird's gemacht: Das Huhn innen und außen unter fließendem kaltem Wasser gründlich waschen, trockentupfen und innen mit Salz und Pfeffer ausreiben. Das Huhn in eine Bratenpfanne legen. Die Kartoffeln schälen, in Achtel schneiden und um das Huhn legen, mit Salz, Pfeffer und dem Thymian bestreuen. Huhn und Kartoffeln mit dem Olivenöl und dem Zitronensaft beträufeln. Den Backofen auf 220 °C vorheizen. Das Gericht im Backofen 1 Stunde und 15 Minuten braten. Nach der halben Bratzeit das heiße Wasser zugießen, die Butterflocken über Huhn und Kartoffeln verteilen und alles garbraten.

Das paßt dazu: ein beliebiger grüner Salat.

Mein Tip Besonders raffiniert schmeckt das Huhn, wenn Sie es vor dem Braten innen noch mit Zitronensaft beträufeln und mit 100 g Schafkäse füllen.

Huhn mit Okra

Kotópulo mé bámjes

Dieses Gericht wird in Griechenland vor allem im Sommer zubereitet, wenn es frische Okra gibt. Man kann jedoch auch Okra aus der Dose oder Tiefkühltruhe verwenden.

1 küchenfertiges Brathuhn (Poularde) · 3/4 Tasse Olivenöl oder 75 g Butter · 1/2 Tasse Weißwein · Salz und Pfeffer · 1 Zwiebel · etwas Butter · 1 Knoblauchzehe · 500 g Tomaten · 500 g Okra · 2 Eßl. Essig

- Zubereitungszeit: 35 Minuten
- Garzeit: 1 Stunde und 30 Minuten

So wird's gemacht: Das Brathuhn unter fließendem kaltem Wasser innen und außen gründlich abbrausen, gut trockentupfen und halbieren. Die Hälfte des Olivenöls oder der Butter in einer Kasserolle erhitzen und die Geflügelhälften rundherum gut anbraten. Den Weißwein zugießen. Das Huhnfleisch salzen und pfeffern. • Die Zwiebel schälen, in Scheiben schneiden und in etwas Butter glasig braten. Die Knoblauchzehe schälen und zu den Zwiebelscheiben geben. Die Tomaten heiß überbrühen, häuten, kleinschneiden und mit den Zwiebelscheiben und dem Knoblauch zum Huhn geben. Das Huhn zugedeckt 1 Stunde bei milder Hitze schmoren lassen. • Die Okra, wie auf Seite 12 beschrieben, vorbereiten, dann mit dem restlichen Öl oder der restlichen Butter kurz anbraten, salzen und pfeffern. Den Essig zufügen. Die Bratflüssigkeit vom Huhn und so viel Wasser (oder Saft der konservierten Okra) an das Gemüse gießen, daß es knapp mit Flüssigkeit bedeckt ist. Das Gemüse bei mittlerer Hitze 30 Minuten garen. Vor dem Servieren die Huhnstücke zufügen und kurz erwärmen.

Das paßt dazu: Pommes frites, Bandnudeln oder Weißbrot.

Variante – Huhn mit Tomaten
Das geviertelte Huhn in 40 g Butter anbraten und wie im obengenannten Rezept weiterbearbeiten. Okra und Essig bleiben weg.

Gefüllter Truthahn

Ghalópulo jemistó

Gefüllter Truthahn ist das traditionelle Weihnachtsessen der Griechen. Der Braten reicht für ein Familienessen, also für 8–10 Personen. Als Beilage werden Kartoffeln während der letzten Bratstunde mit dem Truthahn gegart, so daß eine komplette Mahlzeit aus dem Backofen kommt. Die Vorbereitungen erfordern allerdings etwas Zeit und Arbeit, aber man kann diese bereits am Tag vorher erledigen und den fertig gefüllten Braten im Kühlschrank aufbewahren.

250 g Kastanien (Maronen) in der Schale oder eventuell bereits gegarte Kastanien aus der Dose · 250 g Walnüsse in der Schale · $^1/_2$ l Wasser · Salz · 250 g Reis · 1 Truthahnleber · 250 g Hackfleisch · 2 Eßl. Butter · 1 gestrichener Teel. Zimt · Pfeffer · 1 bratfertiger Truthahn · etwa 2 Eßl. flüssige Butter zum Bestreichen · $^3/_8$ l heißes Wasser · $1^1/_2$ kg Kartoffeln · Saft von 1 Zitrone

- Zubereitungszeit: 1 Stunde
- Garzeit: 2 Stunden und 30 Minuten

So wird's gemacht: Die Kastanien mit Wasser bedeckt 30 Minuten kochen, abkühlen lassen und schälen. Kastanien aus der Dose nur abgießen. Die Walnüsse ebenfalls schälen und halbieren. • Das Wasser mit etwas Salz zum Kochen bringen, den Reis hineinschütten und 15 Minuten bei milder Hitze garen. • Die Truthahnleber waschen, abtrocknen und in kleine Stücke schneiden. Das Hackfleisch zum garen Reis in den Topf geben. Die Kastanien, die Nüsse, die Leberstücke, die Butter, den Zimt sowie je 1 Prise Salz und Pfeffer einmischen. Die Füllung noch einmal kurz aufwallen lassen. • Den Truthahn innen und außen unter fließendem kaltem Wasser gut waschen, gründlich trockentupfen und innen mit Salz und Pfeffer ausreiben. Die Hackfleisch-Reis-Mischung in den Truthahn füllen (er darf nicht zu prall gefüllt werden) und die Öffnung mit Küchengarn zunähen. • Den Backofen auf 200 °C vorheizen. Den Truthahn in eine mit kaltem Wasser ausgespülte Bratenpfanne legen, mit der Butter bestreichen und mit wenig Salz und Pfeffer bestreuen. • Den Truthahn im Backofen 2 Stunden und 30 Minuten braten. Nach 30 Minuten Bratzeit $^1/_4$ l heißes Wasser darübergießen und den Braten mit Alufolie abdecken. • Die Kartoffeln schälen, waschen, halbieren, vierteln oder in Achtel schneiden, je nach Größe der Kartoffeln. 1 Stunde vor Ende der Bratzeit die Alufolie entfernen. Die Kartoffeln ringsum in die Bratenpfanne legen, mit dem Zitronensaft beträufeln, $^1/_8$ l heißes Wasser darübergießen und etwas Salz und Pfeffer darüberstreuen. Alles zusammen fertiggaren.

Das paßt dazu: beliebige Salate.

Diese wichtigen Grundnahrungsmittel sind international, und doch lassen sich die typischen Landesgerichte aus ihnen nur schwer mit denen anderer Nationen vergleichen. Garmethode, Gewürze und Zutaten machen aus Bekanntem Besonderes. Ob Nudeln – in Griechenland als Makkaroni ein Begriff –, Reis oder Kartoffeln als Beilage oder Hauptgericht bereitet werden, immer geraten sie durch winzige Nuancen oder entscheidende Details zur Spezialität.

Unter den Begriff »Makkaroni« fallen in Griechenland alle bekannten Nudelsorten. Für die folgenden Rezepte eignen sich Makkaroni oder Bandnudeln am besten.

Nudelauflauf

Pastítsjo
Bild Seite 55

Pastítsjo (pastizio) ist das Leibgericht der Griechen. Es darf zu keinem festlichen Anlaß fehlen, gleichgültig ob es als Beigabe oder als Vorspeise gereicht wird. Pastítsjo kann auch kalt serviert werden.

2½ l Wasser · 1 gestrichener Teel. Salz · 250 g Makkaroni · 1 Zwiebel · 2 Tomaten · ½ Tasse Olivenöl · 500 g Hackfleisch · ½ Tasse Wasser · 1 Eßl. Tomatenmark · je 1 Prise Salz und Pfeffer · 100 g geriebener Parmesankäse · ½ Tasse Semmelbrösel
Für die Sauce: 4 Eßl. Butter · 4 gestrichene Eßl. Mehl · ½ l Milch · 3 Eier · je 1 Prise Salz und geriebene Muskatnuß

- Zubereitungszeit: 30 Minuten
- Garzeit: 1 Stunde und 15 Minuten

So wird's gemacht: Das Wasser mit dem Salz zum Kochen bringen, die Makkaroni hineingeben und etwa 8 Minuten kochen lassen. • Die garen Makkaroni in ein Sieb schütten, mit warmem Wasser abbrausen und abtropfen lassen. Die Zwiebel schälen und kleinschneiden, die Tomaten heiß überbrühen, häuten und im Mixer zerkleinern. • Das Olivenöl in einer Kasserolle erhitzen und die kleingeschnittene Zwiebel darin anbraten. Das Hackfleisch zugeben, ebenfalls kurz anbraten, die Tomatenstückchen mit dem -saft, das mit ½ Tasse Wasser aufgelöste Tomatenmark, etwas Salz und Pfeffer zugeben und alles 30 Minuten zugedeckt bei milder Hitze kochen lassen. • Die Hackfleischmasse vom Herd nehmen, mit der Hälfte des Parmesankäses und den Makkaroni mischen. • Für die Sauce die Butter in einem Topf erhitzen, vom Herd nehmen und das Mehl zu einem Kloß unter die Butter rühren. Bei milder Hitze unter ständigem Rühren nach und nach die Milch zufügen, bis eine sämige Sauce entstanden ist. Die Sauce vom Herd nehmen. Die Eier verquirlen, mit dem Salz und der geriebenen Muskatnuß würzen, unter die Sauce rühren und noch einmal aufkochen lassen. Den restlichen Käse unter die Sauce mischen. • Eine feuerfeste Form mit den Semmelbröseln ausstreuen, die Nudel-Hackfleisch-Masse hineingeben und die Béchamelsauce darüber verteilen. Den Auflauf bei 220 °C 30 Minuten im vorgeheizten Backofen garen. Das Gericht soll obenauf eine goldbraune Kruste bekommen. • Den Auflauf etwas abkühlen lassen, dann in quadratische Portionen teilen.

Das paßt dazu: grüner oder römischer Salat (Marúli, siehe Seite 11).

Makkaroni mit Käse

Makarónja mé tirí

$2^1/_2$ l Wasser · 1 gestrichener Teel. Salz · 350 g Makkaroni · 100 g geriebener Parmesankäse · 60 g Butter

- Zubereitungszeit: 10 Minuten
- Garzeit: 12 Minuten

So wird's gemacht: Das Wasser mit dem Salz zum Kochen bringen. Die Makkaroni ins kochende Wasser geben und im offenen Topf 12 Minuten kochen lassen, ab und zu umrühren. • Die garen Makkaroni in ein Sieb schütten, mit warmem Wasser überspülen, dann gut abtropfen lassen. • Auf eine vorgewärmte Platte $^1/_4$ des Käses geben, darüber $^1/_3$ der Makkaroni und darauf wieder $^1/_4$ des Käses und $^1/_3$ der flüssigen Butter. Wieder Makkaroni, Käse und Butter darauffüllen und auf die letzte Schicht Makkaroni wieder Käse und Butter geben.

Makkaroni mit Tomaten

Makarónja mé tomátes

$2^1/_2$ l Wasser · 1 gestrichener Teel. Salz · 350 g Makkaroni · 500 g Tomaten · je 1 Prise Salz und Pfeffer · $^3/_4$ Tasse Wasser · 50 g Butter · 100 g geriebener Parmesankäse · 2 Eßl. Semmelbrösel

- Zubereitungszeit: 10 Minuten
- Garzeit: 30 Minuten

So wird's gemacht: $2^1/_2$ l Wasser mit dem Salz zum Kochen bringen. Die Makkaroni hineingeben und im offenen Topf 7 Minuten kochen, so daß sie nur halb weich sind. • Die Makkaroni in ein Sieb geben, mit warmem Wasser überspülen und abtropfen lassen. • Die Tomaten heiß überbrühen, häuten, im Mixer zerkleinern und dann durch ein Sieb streichen, so daß $^1/_2$ l Tomatensaft entsteht, notfalls mit Wasser auf das entsprechende Maß auffüllen. • Die vorgekochten Makkaroni in eine feuerfeste Form füllen, mit etwas Salz und Pfeffer bestreuen. Den Tomatensaft und $^3/_4$ Tasse Wasser darübergießen. Den Backofen auf 220 °C vorheizen. • Die Butter in Flöckchen auf die Makkaroni verteilen und das Gericht im Backofen etwa 20 Minuten garen. • Danach den Parmesankäse mit den Semmelbröseln mischen, über die Makkaroni streuen und diese noch 5 Minuten im Backofen lassen.

Variante – Makkaroni mit Auberginen
Statt der pürierten Tomaten zwischen die vorgekochten Makkaroni 500 g in Öl gebratene Auberginenscheiben geben und das Gericht wie oben beschrieben im Backofen garen.

Reis mit Spinat

Spanakóriso
Bild Seite 27

Reis wird in Griechenland oft zusammen mit Gemüse gegart, wodurch er eine besondere geschmackliche Note erhält. So reicht man ihn als Beilage zu Fleischspeisen oder als einfaches Gericht nur mit Salat und Schafkäse. Im Sommer wird Reis auch kalt serviert.

1 kg Spinat · Salz · 1 Zwiebel · 1/2 Tasse Olivenöl · 1 Sträußchen Dill · 1 gute Prise Pfeffer · 1 Eßl. Tomatenmark · 1 Tasse Wasser · 1 Tasse Reis · Saft von 1 Zitrone

- Zubereitungszeit: 15 Minuten
- Garzeit: 35 Minuten

So wird's gemacht: Den Spinat verlesen, waschen und 5 Minuten in Salzwasser kochen. • Den Spinat dann abtropfen lassen und grob zerschneiden. Die Zwiebel schälen, kleinschneiden und in dem Öl anbraten. Den Dill waschen, abtropfen lassen und kleinschneiden. Den Spinat und den Dill zur Zwiebel geben und alles 10 Minuten bei milder Hitze zugedeckt garen. • Den Spinat salzen und pfeffern. Das Tomatenmark mit dem Wasser verrühren und mit dem Reis unter den Spinat mischen. Das Gericht zugedeckt bei milder Hitze 20 Minuten garen. • Vor dem Servieren mit dem Zitronensaft abschmecken.

Paßt gut zu: Kjeftédes (Rezept Seite 36).

Reispilaf

Rísi piláfi

1 Zwiebel · 3 Tomaten · 1/3 Tasse Olivenöl · je 1 gute Prise Salz und Pfeffer · 2 Tassen Reis · 3 Tassen Wasser

- Zubereitungszeit: 10 Minuten
- Garzeit: 30 Minuten

So wird's gemacht: Die Zwiebel schälen und kleinwürfeln. Die Tomaten heiß überbrühen, häuten und in kleine Stücke schneiden. • Das Olivenöl erhitzen und die Zwiebelwürfel darin glasig braten. Die kleingeschnittenen Tomaten zu den Zwiebeln geben, salzen und pfeffern und 12 Minuten zugedeckt garen. • Den Reis und das Wasser zufügen und alles bei milder Hitze zugedeckt weitere 18 Minuten kochen lassen.

Paßt gut zu: Fleischgerichten.

Kartoffelauflauf

Patátes musaká

1 kg Kartoffeln · 1 Tasse Olivenöl · 1 Zwiebel · 2 Tomaten · 500 g Hackfleisch · 1 Eßl. Tomatenmark · 1/2 Tasse Wasser · je 1 gute Prise Salz und Pfeffer · 100 g geriebener Parmesankäse · 3 Eßl. Semmelbrösel
Für die Sauce: 4 Eßl. Butter · 4 gestrichene Eßl. Mehl · 1/2 l Milch · 3 Eier · je 1 Prise Salz und geriebene Muskatnuß

- Zubereitungszeit: 40 Minuten
- Garzeit: 1 Stunde

So wird's gemacht: Die Kartoffeln schälen, waschen und in 5 mm dicke Scheiben schneiden. Die Hälfte des Öls in einer Pfanne erhitzen und die Kartoffelscheiben von beiden Seiten darin braten. • Die Zwiebel schälen und fein hacken. Die Tomaten heiß überbrühen, häuten und im Mixer zerkleinern. • Das restliche Olivenöl erhitzen, die Zwiebelwürfel darin anbraten, das Hackfleisch und das Tomatenpüree zugeben und ebenfalls anbraten. Das Tomatenmark mit dem Wasser verrühren, dann mit etwas Salz und Pfeffer zum

Hackfleisch geben. Die Mischung bei milder Hitze zugedeckt 30 Minuten kochen lassen. • Die Hackfleischmasse vom Herd nehmen und die Hälfte des Käses untermischen. • Für die Sauce die Butter zerlassen, vom Herd nehmen und das Mehl zu einem Kloß unterrühren. Dann bei milder Hitze nach und nach unter ständigem Rühren die Milch zufügen, bis eine dicke Sauce entstanden ist; vom Herd nehmen. Die Eier verquirlen, mit dem Salz und der Muskatnuß würzen, dann unter die Sauce rühren, noch einmal aufkochen lassen und den restlichen Käse einmischen. • Den Backofen auf 220 °C vorheizen. Eine feuerfeste Form mit den Semmelbröseln ausstreuen, die gebratenen Kartoffelscheiben hineinlegen und etwas salzen. Das Hackfleisch darauf verteilen und die Béchamelsauce darübergießen. Das Gericht im Backofen 30 Minuten überbacken. Es soll eine goldbraune Kruste bekommen.

Das paßt dazu: grüner oder römischer Salat (Marúli, siehe Seite 11).

Variante: Bild Seite 38
Die Sauce weglassen und dafür den Auflauf mit Tomatenscheiben belegen.

Gebackene Kartoffeln

Patátes stó fúrno

Kartoffeln als Beilage werden hauptsächlich in Form von gebratenen Kartoffelstäbchen – also Pommes frites – oder im Backofen gebackenen Kartoffeln gereicht. Im Backofen gart man Kartoffeln auch zusammen mit einem Fleisch- oder Gemüsegericht.

1 1/2 kg Kartoffeln · 1/2 Tasse Olivenöl · Saft von 1 Zitrone · je 1 gute Prise Salz, Pfeffer und getrockneter Thymian · etwa 2 Eßl. Butterflocken

- Zubereitungszeit: 15 Minuten
- Garzeit: 1 Stunde

So wird's gemacht: Die Kartoffeln schälen, waschen, in Viertel schneiden und die Viertel noch ein- bis zweimal – je nach Größe der Kartoffeln – durchschneiden. Den Backofen auf 220 °C vorheizen. • Die Kartoffeln in eine feuerfeste Form geben. Das Öl und den Zitronensaft darüberträufeln. Das Salz, den Pfeffer und den zwischen den Fingerspitzen zerriebenen Thymian darüberstreuen und die Butterflocken darauf verteilen. Die Kartoffeln im Backofen 1 Stunde garen.

Paßt gut zu: Kjeftédes oder Lammfleisch.

Variante – Kartoffeln mit Kjeftédes
Auf die geschälten Kartoffeln legt man vorbereitete, ungebratene Kjeftédes (Rezept Seite 36) und gart beides zusammen 1 Stunde im Backofen.

Das paßt dazu: Weißkrautsalat.

Gemüse aus der Landesküche

Vom Frühling bis zum Herbst bieten griechische Märkte eine paradiesische Fülle von sonnengereiftem, aromatischem Gemüse, ohne das die Landesküche der Griechen nicht denkbar ist. Tomaten gehören fast zu jedem Rezept, als Verfeinerung, als Grundsubstanz, als Sauce, mit feiner Füllung als Vorspeise oder Hauptgericht. Auberginen, Artischokken, Zucchini, Blumenkohl, Weinblätter, Erbsen, grüne Bohnen, Okra, Möhren und Lauch werden in vielen Spielarten serviert. Manche Gemüsesorten, vor allem grüne Bohnen und Erbsen, in Tomaten-Öl-Sauce bereitet, ergeben mit frischem Weißbrot und Schafkäse ein köstliches sommerliches Hauptessen.

Artischocken, Auberginen und Zucchini werden in Form von Salaten, Beilagen und raffinierten Vorspeisen gereicht, mit Kartoffeln oder Hackfleisch kombiniert als Hauptmahlzeit. Okra zählt zum feinsten Gemüse und wird gerne zusammen mit Tomaten oder zartem Fleisch bereitet. Zarter Kohl, Linsen und weiße Bohnen beherrschen den winterlichen Speiseplan. Aus ihnen entstehen kräftige Mahlzeiten, die während der Fastenzeit Fleischgerichte ersetzen.

Wie man einige besondere Gemüsesorten vorbereitet, erfahren Sie auf den Seiten 10–12.

Gefüllte Weinblätter mit Hackfleisch

Dolmádes mé klimatófilla kjé kjimá
Bild Seite 17

Gefüllte Weinblätter gehören unbedingt zu den Vorspeisen einer festlichen Tafel. Man reicht sie aber auch als Beilage oder mit Zitronensauce als Hauptgericht. Man verwendet dazu frische junge Blätter der Weinrebe oder auch konservierte Weinblätter aus der Dose.

250 g Weinblätter · 1 Zwiebel · 1 Sträußchen Dill · 2 Tomaten · 500 g Hackfleisch · 1 Tasse Reis · 2 Eßl. Olivenöl · 1 Eßl. Zitronensaft · je 1 gute Prise Salz und Pfeffer · 1/2 Tasse Olivenöl oder 50 g Butter
Für die Sauce: 2 Eier · Saft von 1 Zitrone · 1 Eßl. Butter

- Zubereitungszeit: 30 Minuten
- Garzeit: 45 Minuten

So wird's gemacht: Frische Weinblätter waschen, die Stiele entfernen, die Blätter übereinanderlegen und 10 Minuten mit Wasser bedeckt kochen lassen. Die Weinblätter dann in einem Sieb abtropfen lassen. Weinblätter aus der Dose werden nur mit heißem Wasser überbrüht. • Die Zwiebel schälen und kleinwürfeln. Den Dill waschen, abtropfen lassen und kleinschneiden. Die Tomaten heiß überbrühen, häuten und kleinschneiden. Das Hackfleisch mit den Zwiebelwürfeln, dem Dill, den Tomatenstückchen, dem Reis, dem Olivenöl, dem Zitronensaft, dem Salz und dem Pfeffer mischen. • Einen Topf mit Weinblättern auslegen. Vom Hackfleisch jeweils 1 Eßlöffel abnehmen, kleine Röllchen davon formen und jedes auf die Rückseite ans untere Ende eines Weinblattes legen. Die Seitenteile des Blattes über das Hackfleisch schlagen und das Blatt aufrollen. • Alle so gefüllten Weinblätter dicht nebeneinander und in mehreren Lagen auf die ungefüllten Blätter im Topf legen. Das Öl oder die zerlassene Butter mit etwas Salz und so viel Wasser über die Weinblätter geben, daß sie knapp mit

Flüssigkeit bedeckt sind. Die Weinblätter mit einem Deckel beschweren, der etwas kleiner als der Kochtopf ist. Nachdem das Gericht etwas aufgekocht hat, den Deckel wieder entfernen und den Topf mit einem normalen Deckel schließen. Die Weinblätter bei milder Hitze 35 Minuten kochen lassen. • Den Topf vom Herd nehmen. Für die Sauce die Eier in Eiweiße und Eigelbe trennen. Die Eiweiße zu Schnee schlagen, die verquirlten Eigelbe und den Zitronensaft darunterrühren. Die Sauce und die Butter über die warmen Weinblattröllchen geben.

Das paßt dazu: frisches Weißbrot und Schafkäse.

Mein Tip Statt Weinblätter kann man auch die Blätter von römischem Salat (Marúli, siehe Seite 11) füllen.

Gefüllte Weinblätter mit Reis

Dolmádes mé klimatófilla kjé rísi

Diese mit Reis gefüllten Weinblätter werden ausschließlich als Beilage serviert, sie schmekken warm ebenso gut wie kalt.

200 g Weinblätter, frisch oder aus der Dose · 2 Zwiebeln · 2 Tomaten · 1 Tasse Wasser · 1 Sträußchen Dill · 250 g Reis · ½ Tasse Olivenöl · etwas Salz und Pfeffer · Saft von 2 Zitronen

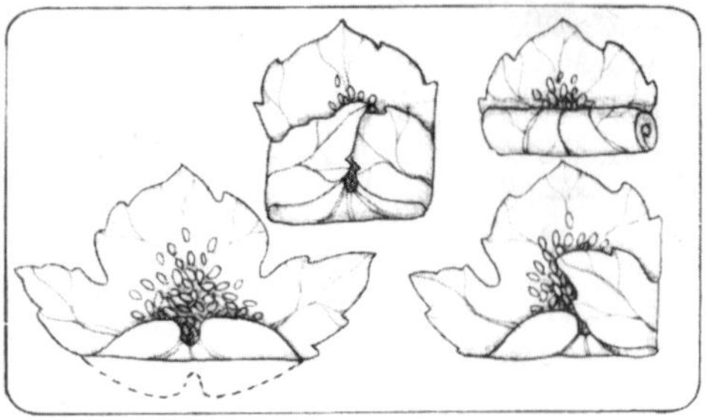

Weinblätter mit der rauhen Seite nach oben auflegen, mit Füllung belegen, einklappen und aufrollen.

- Zubereitungszeit: 30 Minuten
- Garzeit: 55 Minuten

So wird's gemacht: Frische Weinblätter waschen und von den Stielen befreien, übereinanderlegen und 10 Minuten, mit Wasser bedeckt, kochen lassen. Weinblätter aus der Dose nur mit heißem Wasser überbrühen. • Die Weinblätter in einem Sieb abtropfen lassen. Die Zwiebeln schälen und kleinwürfeln. Die Tomaten heiß überbrühen, häuten und kleinschneiden. Die Zwiebelwürfel mit den Tomaten und dem Wasser 15 Minuten zugedeckt dünsten. • Den Dill waschen und kleinschneiden. Den Reis, den Dill, 2 Eßlöffel Öl sowie etwas Salz und Pfeffer zur Zwiebel-Tomaten-Mischung geben und alles bei milder Hitze 10 Minuten kochen lassen. • Einige Weinblätter auf den Boden eines Topfes legen. Die übrigen Weinblätter mit der Rückseite nach oben ausbreiten. Auf das untere Ende jedes Blattes 1 Eßlöffel von der Reismischung geben. Die seitlichen Blattränder jeweils nach innen schlagen und jedes Blatt vom Stielende her aufrollen. Die Röllchen dicht nebeneinander in mehreren Lagen in den Topf legen, mit dem Zitronensaft und dem restlichen Olivenöl übergießen und mit so viel Wasser auffüllen, daß die Röllchen knapp mit Wasser bedeckt sind. Die gefüllten Weinblätter mit einem Deckel, der kleiner als der Topf sein muß, beschweren und einige Male aufkochen lassen. Den kleinen Deckel entfernen, den Topf mit einem passenden Deckel schließen und die Weinblätter 30 Minuten bei milder Hitze kochen lassen.

Mein Tip Zwiebeln verlieren an Bitterstoffen und werden dadurch leichter verdaulich, wenn man sie zunächst in etwas Wasser kocht, abtropfen läßt und dann wie im Rezept erforderlich weiterverarbeitet.

Gefüllte Tomaten gebacken

Tomátes jemistés stó fúrno

Ein schmackhaftes Sommergericht! Zusammen mit Kartoffeln sind gefüllte Tomaten ein komplettes Essen. Werden sie aber – warm oder kalt – als Beilage gereicht, läßt man die Kartoffeln weg.

8 große Tomaten · 1 Zwiebel · 1 Sträußchen Petersilie · 1 Knoblauchzehe · 1 Tasse Reis · 2 Eßl. Olivenöl · je 1 Prise Salz, Pfeffer und Zucker · 6 große Kartoffeln · 1/2 Tasse Olivenöl · 1/2 Tasse Wasser

- Zubereitungszeit: 25 Minuten
- Garzeit: 1 Stunde und 15 Minuten

So wird's gemacht: Die Tomaten waschen, einen Deckel zum Hochklappen einschneiden und die Tomaten aushöhlen. Das ausgehöhlte Innere der Tomaten kleinschneiden, den Saft auffangen und durch ein Sieb streichen, so daß die Kerne zurückbleiben. Die Zwiebel schälen und kleinhacken. Die Petersilie waschen, abtropfen lassen und kleinschneiden. Die Knoblauchzehe schälen und hacken. Das kleingeschnittene Tomateninnere, den Reis, die gehackte Zwiebel, die Petersilie, den Knoblauch, das Öl, etwas Salz und Pfeffer miteinander mischen. Die Tomaten mit 1 Prise Zucker ausstreuen und die Reismischung in die Tomaten füllen. Den Backofen auf 220 °C vorheizen. Die Tomatendeckel zuklappen und die Tomaten in eine feuerfeste Form stellen. Die Kartoffeln schälen, waschen, in Achtel schneiden und zwischen die gefüllten Tomaten schichten. Die Kartoffeln etwas salzen und pfeffern. Das Öl, das Wasser sowie den Tomatensaft darübergießen. Das Gericht im Backofen 1 Stunde und 15 Minuten garen.

Das paßt dazu: grüner Salat, Schafkäse und Oliven.

Mein Tip Um dem Gericht einen besonders reizvollen Geschmack zu verleihen, zerdrückt man 1/2 Scheibe Zwieback und mischt sie mit je 1 Teelöffel Zucker und Zimt. Das Gemisch mit etwas Salz und Pfeffer würzen und vor dem Garen über die Tomaten streuen.

Gefüllte Paprikaschoten und Tomaten

Piperjés kjé tomátes jemistés
Bild auf dem Titel

Dieses gefüllte Gemüse eignet sich ausgezeichnet für eine sommerliche Tafel – am besten kalt, denn der Reisfüllung werden Korinthen beigemengt. Die Füllung könnten Sie typisch verfeinern, wenn Sie noch 30 g kleingehackte Pinienkerne zum Reis geben.

4 grüne oder rote Paprikaschoten · 4 Tomaten · 1 Zwiebel · 1 Sträußchen Petersilie · 1/2 Teel. frische oder getrocknete Pfefferminzblättchen · 1 1/2 Tassen Reis · 25 g Korinthen · 6 Eßl. Olivenöl · je 1 gute Prise Salz und Pfeffer · 3/4 Tasse Wasser

- Zubereitungszeit: 20 Minuten
- Garzeit: 40 Minuten

So wird's gemacht: Von den Paprikaschoten am Stielende einen Deckel abschneiden, die Schoten von Rippen und Kernen befreien, waschen und abtropfen lassen. Die Tomaten waschen, abtrocknen und einen Deckel zum Hochklappen einschneiden. Die Tomaten aushöhlen, das Tomateninnere in Stückchen schneiden, den Saft durch ein Sieb streichen und aufbewahren. • Die Zwiebel schälen und kleinwürfeln. Die Petersilie waschen, abtropfen lassen und kleinschneiden. Die frischen Pfefferminzblättchen ebenfalls kleinschneiden oder die getrockneten Pfefferminzblätter zerreiben. • Den Reis mit dem Tomateninneren, den Korinthen, den Zwiebelwürfeln, den Pfefferminzblättchen, der Petersilie, 2 Eßlöffeln Öl, dem Salz sowie dem Pfeffer mischen und in die Paprikaschoten und die Tomaten füllen. Die jeweiligen Deckel aufsetzen. • Die Schoten und Tomaten in eine Kasserolle setzen. Das restliche Öl, den durchgesiebten Tomatensaft und das Wasser darübergießen. Etwas Salz und Pfeffer darüberstreuen und das Gemüse bei milder Hitze zugedeckt 40 Minuten dünsten.

Grüne Erbsen in Ölsauce

Arakás laderós
Bild Seite 55

Grüne Erbsen und grüne Bohnen werden immer in einer Öl-Tomaten-Sauce zubereitet. Zusammen mit frischem Weißbrot und Schafkäse ergeben sie ein sommerliches Hauptessen.

1 1/2 kg Erbsen in den Schoten · 1 Zwiebel · 3 Tomaten oder 1 Eßl. Tomatenmark · 1 Sträußchen Dill · 1/2 Tasse Olivenöl · je 1 gute Prise Salz und Pfeffer

- Zubereitungszeit: 30 Minuten
- Garzeit: 45 Minuten

So wird's gemacht: Die Erbsen aus den Schoten lösen. Die Zwiebel schälen und kleinwürfeln. Die Tomaten heiß überbrühen, häuten und im Mixer zerkleinern oder das Tomatenmark mit etwas Wasser anrühren. Den Dill waschen, abtropfen lassen und kleinschneiden. • Das Öl erhitzen und die Zwiebelwürfel darin anbraten. Die zerkleinerten Tomaten oder das Tomatenmark zugeben. Die Erbsen, den Dill, das Salz, den Pfeffer und so viel

Wasser zufügen, daß die Erbsen etwa $^3/_4$ mit Flüssigkeit bedeckt sind. Das Gericht zugedeckt bei milder Hitze 40 Minuten dünsten.

Variante – Grüne Bohnen
1 kg grüne Bohnen werden gewaschen, nötigenfalls von den Fäden befreit und große Bohnen halbiert. Die Bohnen dann wie die Erbsen zubereiten, jedoch statt Dill Petersilie zugeben und 50 Minuten dünsten.

Variante – Grüne Erbsen mit Artischocken
4 vorbereitete Artischocken (siehe Seite 10) zu den Erbsen geben und wie im Rezept beschrieben mitdünsten.

Weiße Bohnen

Fasoládha

Weiße Bohnen als Suppe sind in Griechenland ein Nationalgericht. Die außerordentlich wohlschmeckende Zubereitung von Hülsenfrüchten der griechischen Küche sollten Sie unbedingt einmal versuchen.

500 g mittelgroße weiße Bohnen · 1 Zwiebel · 2 Karotten · 3 Sellerieblätter · $^1/_2$ Tasse Olivenöl · $1^1/_2$ Eßl. Tomatenmark · je 1 gute Prise Salz und Pfeffer

- Zubereitungszeit: 15 Minuten
- Garzeit: 2 Stunden

So wird's gemacht: Die Bohnen über Nacht mit Wasser bedeckt einweichen. Am nächsten Tag die Bohnen mit reichlich frischem Wasser im offenen Topf 1 Stunde und 30 Minuten kochen lassen, bis sich die Schale der Bohnen geöffnet hat. • Das Kochwasser von den Bohnen abgießen. Die Zwiebel schälen und kleinwürfeln. Die Karotten schaben und kleinschneiden. Die Sellerieblätter waschen, abtropfen lassen und in Streifen schneiden. • Das Öl erhitzen, die Zwiebelwürfel, die kleingeschnittenen Karotten und die Sellerieblätter 10 Minuten darin braten. • Die Bohnen und das mit etwas Wasser angerührte Tomatenmark zugeben. Das Gericht salzen und pfeffern, eventuell noch etwas Wasser zugießen, so daß die Bohnen knapp bedeckt sind. Alles zugedeckt 20 Minuten bei milder Hitze kochen.

Das paßt dazu: frisches Weißbrot und Schafkäse.

Variante – Weiße Bohnen, im Backofen gebacken
Für dieses Gericht eignen sich am besten große weiße Bohnen. Sie werden wie im oben beschriebenen Rezept über Nacht eingeweicht und weichgekocht. Mit denselben Zutaten wie oben, jedoch statt mit Karotten und Sellerieblättern mit 1 Bund gehackter Petersilie mischen, in eine feuerfeste Form füllen und 30 Minuten bei 220 °C im Backofen garen.

Linsen

Fakjés

500 g Linsen · 2 Zwiebeln · 2 Karotten · 2 Tomaten · 2 Sellerieblätter · $^1/_2$ Tasse Olivenöl · $^1/_2$ Tasse Wasser · 1 Eßl. Tomatenmark · 1 Lorbeerblatt · 1 Zweig Rosmarin · je 1 gute Prise Salz und Pfeffer · nach Belieben etwas Essig

- Zubereitungszeit: 15 Minuten
- Garzeit: 1 Stunde und 15 Minuten

So wird's gemacht: Die Linsen über Nacht mit Wasser bedeckt einweichen. • Die Linsen am nächsten Tag mit reichlich frischem Wasser im offenen Topf 45 Minuten kochen lassen. • Das Kochwasser abgießen. Die Zwiebeln schälen und kleinwürfeln. Die Karotten schaben und kleinschneiden. Die Tomaten heiß überbrühen, häuten und kleinschneiden. Die Sellerieblätter waschen, abtropfen lassen und in Streifen schneiden. • Das Öl in einer Kasserolle erhitzen. Die Zwiebelwürfel, die Karotten-, die Tomatenstückchen und die Sellerieblätter 10 Minuten darin braten. • Die Linsen zugeben, das mit dem Wasser angerührte Tomatenmark, das Lorbeerblatt, den Rosmarin, das Salz und den Pfeffer untermischen und alles zugedeckt 20 Minuten kochen lassen. • Die Linsen anrichten und nach Belieben auf jede Portion etwas Essig träufeln.

Das paßt dazu: frisches Weißbrot, Schafkäse oder Würstchen.

Mein Tip Noch sättigender wird das Gericht, wenn Sie 2–3 geschälte kleingeschnittene Kartoffeln mitkochen.

Artischocken mit Schinken

Anginàres mé sambón

8 Artischocken · Salz · 1 ½ l Wasser · 250 g frische Erbsen, mit den Schoten gewogen · 30 g Butter · 1 gute Prise Pfeffer · 200 g Schinken · 100 g geriebener Parmesankäse · 2 Eßl. Semmelbrösel · etwas flüssige Butter
Für die Sauce: 4 Eßl. Butter · 4 gestrichene Eßl. Mehl · ½ l Milch · 3 Eier · je 1 Prise Salz und geriebene Muskatnuß

- Zubereitungszeit: 40 Minuten
- Garzeit: 1 Stunde und 50 Minuten

So wird's gemacht: Die vorbereiteten Artischocken (siehe Seite 10) in Salzwasser in 45 Minuten weich kochen; dann in einem Sieb abtropfen lassen. • Die Erbsen enthülsen. Die Butter zerlassen, die Erbsen darin kurz anbraten, 1–2 Eßlöffel kochendheißes Wasser zugeben und die Erbsen zugedeckt bei milder Hitze 20 Minuten dünsten, dann salzen und pfeffern. Den Schinken in kleine Stücke schneiden. • Für die Sauce die Butter in einer Kasserolle zerlassen, vom Herd nehmen, das Mehl hineinrühren, so daß sich ein kleiner Kloß bildet. Bei milder Hitze nach und nach unter ständigem Rühren die Milch zugießen, bis eine sämige Sauce entstanden ist. Die Sauce vom Herd nehmen. Die Eier mit einer Gabel verquirlen, etwas Salz und geriebene Muskatnuß zufügen. Die Eimasse in die Sauce rühren und diese noch einmal aufkochen lassen. Die Hälfte vom geriebenen Parmesankäse untermengen. • Den Schinken mit den Erbsen und ½ Tasse von der Béchamelsauce mischen. Diese Mischung in die Artischocken füllen. Den Backofen auf 220 °C vorheizen. Die Artischocken in eine feuerfeste, mit Butter ausgestrichene Form setzen und mit der restlichen Sauce übergießen. Den übrigen Käse mit den Semmelbröseln mischen, über die Artischocken streuen und mit der flüssigen Butter beträufeln. Die Artischocken im Backofen 35 Minuten überbacken. Das Gericht soll eine goldbraune Kruste bekommen. • Die Artischocken in serviergerechte Stücke schneiden und warm oder kalt servieren.

Artischocken mit Kartoffeln

Angináres à lá políta

Artischocken mit Kartoffeln werden als Hauptgericht serviert.

4 Artischocken · 4 große Kartoffeln · 1 Karotte · 1 große Zwiebel oder 4 grüne Frühlingszwiebeln · 1/2 Tasse Olivenöl · je 1 gute Prise Salz und Pfeffer · 1 Sträußchen Dill · 1 Eßl. Tomatenmark · Saft von 1 Zitrone · 1 gestrichener Teel. Speisestärke

- Zubereitungszeit: 25 Minuten
- Garzeit: 55 Minuten

So wird's gemacht: Die Artischocken vorbereiten, wie auf Seite 10 beschrieben. Die Kartoffeln schälen, waschen und vierteln. Die Karotte schaben und waschen. Die Zwiebel schälen und in größere Stücke schneiden, Frühlingszwiebeln waschen und ungeschält in größere Stücke schneiden. • Das Olivenöl erhitzen. Die Artischocken, die Kartoffelviertel, die Karotte, die Zwiebelstücke und so viel Wasser zufügen, daß das Gemüse knapp bedeckt ist. Alles salzen und pfeffern und 45 Minuten bei mittlerer Hitze zugedeckt kochen lassen. • Den Dill waschen, abtropfen lassen und kleinschneiden. Nach 45 Minuten den Dill sowie das mit etwas Wasser angerührte Tomatenmark zufügen und weitere 10 Minuten kochen lassen. • Den Zitronensaft mit der Speisestärke anrühren, mit etwas Flüssigkeit vom Gemüse mischen, unter die Gemüsesauce geben und einmal aufkochen lassen.

Das paßt dazu: Weißbrot und Schafkäse.

Gebratene Auberginenscheiben

Melitsánes tighanités
Bild auf dem Titel

2 große oder 4 kleine Auberginen · etwa 1 Tasse Mehl zum Panieren · reichlich Olivenöl zum Braten

- Zubereitungszeit: 25 Minuten

So wird's gemacht: Die Auberginen in gleichdicke Scheiben schneiden und, wie auf Seite 11 beschrieben, vorbereiten. Sie von beiden Seiten in Mehl wenden. • Das Olivenöl erhitzen. Die Auberginenscheiben kurz in kaltes Wasser tauchen, sofort in das heiße Öl geben und von jeder Seite etwa 5 Minuten goldbraun braten. • Die Auberginenscheiben auf Küchenkrepp abtropfen lassen und heiß servieren.

Variante – Auberginenscheiben in Backteig
Bild 4. Umschlagseite
Die Auberginenscheiben nicht in Mehl wenden, sondern in einen Teig aus 1 Tasse Wasser, 3 Eßlöffeln Mehl, 1 Eßlöffel geriebenem Parmesankäse, 1 Ei und etwas Salz tauchen und im heißen Olivenöl von beiden Seiten goldbraun braten.

Pastítsjo, das Leibgericht der Griechen, darf zu keinem festlichen Anlaß fehlen, Rezept Seite 43; dazu passen grüne Erbsen in Ölsauce, Rezept Seite 50. ▷

Variante – Belegte Auberginenhälften
Bild 4. Umschlagseite
Die vorbereiteten Auberginenhälften ringsum im Öl weichbraten und mit Garnelen belegen, über die man etwas Mayonnaise, vermischt mit 1 Eßl. Tomatenketchup, gibt.

Auberginen-Musaka

Musakás mé melitsánes

Dieses bekannte Auberginengericht kann man als Hauptessen, aber auch als Vorspeise oder Beilage – warm oder kalt – servieren. Musaka wird stets in quadratische Stücke geschnitten auf den Tisch gebracht.

2 große Auberginen · Olivenöl zum Braten · 1 Zwiebel · 1 Knoblauchzehe · 3 Tomaten oder 1 Eßl. Tomatenmark · 3 Eßl. Olivenöl · 500 g Hackfleisch · 1/2 Tasse Wasser · je 1 gute Prise Salz und Pfeffer · 1 Messerspitze Zimt · 100 g geriebener Parmesankäse · 1/2 Tasse Semmelbrösel
Für die Sauce: 4 Eßl. Butter · 4 gestrichene Eßl. Mehl · 1/2 l Milch · 3 Eier · je 1 Prise Salz und geriebene Muskatnuß

- Zubereitungszeit: 35 Minuten
- Garzeit: 1 Stunde und 20 Minuten

So wird's gemacht: Die vorbereiteten Auberginenscheiben (siehe Seite 11) von beiden Seiten in Olivenöl goldbraun braten. • Die Zwiebel schälen und kleinwürfeln. Die Knoblauchzehe schälen und hacken. Die Tomaten heiß überbrühen, häuten und im Mixer zerkleinern oder das Tomatenmark mit etwas Wasser anrühren. • Knapp 3 Eßlöffel Olivenöl erhitzen, das Hackfleisch, die gewürfelte Zwiebel, den Knoblauch, die zerkleinerten Tomaten oder das angerührte Tomatenmark, das Wasser, das Salz, den Pfeffer und den Zimt zufügen, alles gut mischen und zugedeckt 30 Minuten bei milder Hitze garen. • Die Kasserolle vom Herd nehmen und die Hälfte des Parmesankäses unter das Hackfleisch mischen. • Für die Sauce die Butter zerlassen, vom Herd nehmen und das Mehl damit zu einem Kloß verrühren. Wieder auf den Herd stellen und unter ständigem Rühren die Milch zufügen, bis eine sämige Sauce entstanden ist. Wieder vom Herd nehmen. Die Eier mit einer Gabel verquirlen und mit dem Salz und der geriebenen Muskatnuß mischen. Die Eimasse in die Sauce rühren, noch einmal aufkochen lassen und den restlichen Käse unterrühren. • Eine feuerfeste Form mit den Semmelbröseln ausstreuen und die Hälfte der gebratenen Auberginenscheiben hineinlegen. Das Hackfleisch darüber verteilen und mit den restlichen Auberginenscheiben bedecken. Die Béchamelsauce darübergießen und das Gericht im vorgeheizten Backofen bei 220 °C 35 Minuten garen.

Das paßt dazu: grüner Salat und Schafkäse.

Auberginen im Backofen

Melitsánes Imám

Dieses Auberginengericht wird als Vorspeise serviert, an heißen Sommertagen aber auch als Hauptessen mit frischem Weißbrot und Schafkäse. Es schmeckt am besten kalt.

◁ Hefegebäck zu Ostern ist Tradition, etwa der Osterzopf, in den die gefärbten Eier eingebacken sind. Rezept Seite 68, 69.

1 kg Auberginen · Olivenöl zum Braten · 3 große Zwiebeln · Salz · 1 Sträußchen Petersilie · 4 Tomaten · 2 Knoblauchzehen · 1 gute Prise Pfeffer · 3 Eßl. Olivenöl · 1/2 Tasse Wasser

- Zubereitungszeit: 25 Minuten
- Garzeit: 55 Minuten

So wird's gemacht: Die Auberginen in Scheiben schneiden und, wie auf Seite 11 beschrieben, vorbereiten. Die Scheiben in heißem Öl von beiden Seiten goldbraun braten. • Die Zwiebeln schälen und in feine Scheiben schneiden. Die Zwiebelscheiben etwas salzen, den Saft mit den Händen auspressen und wegschütten. Die Zwiebelscheiben mit Wasser abspülen und abtropfen lassen. • Die Petersilie waschen, abtropfen lassen und grob hakken. Die Tomaten heiß überbrühen, häuten und im Mixer zerkleinern. Den Knoblauch schälen, zerdrücken und mit dem Tomatenpüree, den Zwiebelscheiben und der Petersilie mischen. • Den Backofen auf 220 °C vorheizen. Die Auberginenscheiben in eine feuerfeste Form legen, etwas salzen und pfeffern und die Zwiebel-Tomaten-Mischung darauf verteilen. Das Öl und das Wasser darübergießen und das Gericht 45 Minuten im Backofen garen.

Variante: Bild 4. Umschlagseite
Statt die Tomaten mit dem Mixer zu zerkleinern, werden sie in Scheiben geschnitten, mit den gebratenen Auberginenscheiben in eine Form geschichtet und nur mit der kleingeschnittenen Petersilie, Salz und Pfeffer bestreut. Darüber gibt man das Öl und Wasser.

Auberginen mit Kalbfleisch

Melitsánes mé kréas

1 kg Auberginen · 500 g Kalbfleisch · 1 Zwiebel · 1 Knoblauchzehe · 3 Tomaten · 5 Eßl. Olivenöl · je 1 gute Prise Salz und Pfeffer · 1/2 Tasse Wasser · 1 Teel. Tomatenmark · 100 g geriebener Parmesankäse

- Zubereitungszeit: 25 Minuten
- Garzeit: 1 Stunde

So wird's gemacht: Die Auberginen längs halbieren und, wie auf Seite 11 beschrieben, vorbereiten. Die Auberginenhälften aushöhlen. Das Fruchtfleisch in kleinere Stücke schneiden. Das Kalbfleisch in kleine Würfel schneiden. Die Zwiebel schälen und ebenfalls würfeln. Die Knoblauchzehe schälen und kleinhacken. 2 Tomaten heiß überbrühen, häuten und im Mixer zerkleinern. • 4 Eßlöffel Olivenöl erhitzen und das Fruchtfleisch der Auberginen darin 10 Minuten unter Rühren braten. • Die Auberginenstückchen aus der Pfanne nehmen und abtropfen lassen. Ins Bratöl den restlichen Eßlöffel Öl geben. Die Zwiebel- und die Fleischwürfel unter Umwenden darin anbraten. Das Fleisch salzen und pfeffern. Den kleingehackten Knoblauch, die zerkleinerten Tomaten und das mit dem Wasser angerührte Tomatenmark zugeben. Das Fleisch zugedeckt bei milder Hitze 30 Minuten schmoren lassen. • Die Auberginenstückchen zum Fleisch geben, alles mischen und in die Auberginenhälften füllen. Den Backofen auf 220 °C vorheizen. • Die gefüllten Auberginenhälften in eine feuerfeste

Form setzen, mit je 1 Tomatenscheibe belegen und mit dem geriebenen Käse bestreuen. Das Gericht 20 Minuten im Backofen garen.

Variante – Auberginen mit Kalbfleisch und Champignons
Bild 4. Umschlagseite
Man nehme nur 250 g Kalbfleisch sowie 250 g Champignons. Die Pilze werden halbiert und mit dem Fleisch mitgebraten.

Mein Tip Die fertigen Auberginen auf Kopfsalatblättern anrichten und mit Toast als Vorspeise servieren.

Gebratene Zucchinischeiben

Kolokjitákja tighanitá

750 g Zucchini (Courgettes) · je 1 Prise Salz und Pfeffer · Mehl zum Panieren · Olivenöl zum Braten

- Zubereitungszeit: 20 Minuten

So wird's gemacht: Die Zucchini, wie auf Seite 12 beschrieben, vorbereiten, in Scheiben schneiden, salzen und pfeffern und von beiden Seiten in Mehl wenden. • Das Öl erhitzen. Die Zucchinischeiben kurz in kaltes Wasser tauchen, sofort ins heiße Öl geben und von jeder Seite 5 Minuten goldbraun braten. • Die gebratenen Zucchinischeiben heiß servieren.

Paßt gut zu: Skordaliá (Rezept Seite 14).

Mit Hackfleisch gefüllte Zucchini

Kolokjitákja jemistá mé kjimá

8 kleinere oder 4 große Zucchini (Courgettes) · 1 Zwiebel · 1 Sträußchen Petersilie · 1 Tomate · 250 g Hackfleisch · 1/3 Tasse Reis · je 1 gute Prise Salz und Pfeffer · 2 Eßl. Olivenöl · 100 g Butter · 2 Eigelbe · Saft von 2 Zitronen

- Zubereitungszeit: 30 Minuten
- Garzeit: 40 Minuten

So wird's gemacht: Die Zucchini, wie auf Seite 12 beschrieben, vorbereiten. Von kleinen Zucchini an einem Ende einen 1/2 cm dicken Deckel abschneiden und die Früchte mit einem Kartoffelschäler oder einem kleinen länglichen Löffel aushöhlen. Große Zucchini in der Mitte halbieren und ebenfalls aushöhlen. • Die Zwiebel schälen und kleinwürfeln. Die Petersilie waschen, abtropfen lassen und kleinschneiden. Die Tomate heiß überbrühen, häuten und kleinschneiden. • Das Hackfleisch mit dem Reis, den Zwiebelwürfeln, den Tomatenstückchen, der Petersilie, dem Salz, dem Pfeffer, dem Olivenöl und mit 1/4 des ausgehöhlten, kleingeschnittenen Inneren der Zucchini mischen. Die Zucchini mit der Hackfleischmasse füllen. Die Deckelränder etwas abschneiden und die Zucchini damit wieder schließen. • Die Butter in einer Kasserolle zerlassen, die gefüllten Zucchini hineinlegen, das restliche Fruchtfleisch rundherum verteilen und so viel Wasser darübergießen, daß das Gemüse gerade bedeckt ist. Die Zucchini bei mittlerer Hitze zugedeckt 40 Minuten kochen lassen. • Die Eigelbe verquirlen.

Die Zucchini vom Herd nehmen. Die verquirlten Eigelbe mit dem Zitronensaft und etwas leicht abgekühlter Garflüssigkeit mischen und über die Zucchini gießen.

Zucchini in Blätterteig

Kolokjitákja mé fíllo

Diese Zucchini-Zubereitung wird als festliche Vorspeise gereicht.

300 g tiefgefrorener Blätterteig · 750 g Zucchini (Courgettes) · 3 Kartoffeln · 2 Zwiebeln · Salz · 1/2 Tasse Semmelbrösel · 2 Eier · 200 g geriebener Schweizer Käse · 200 g geriebener Schafkäse oder sehr trockener Quark · je 1 gute Prise geriebene Muskatnuß und Pfeffer · etwas flüssige Butter

- Zubereitungszeit: 30 Minuten
- Garzeit: 1 Stunde und 10 Minuten

So wird's gemacht: Den Blätterteig auftauen lassen. Die Zucchini vorbereiten (siehe Seite 12). Die Kartoffeln und die Zwiebeln schälen. • Die Zucchini, Kartoffeln und Zwiebeln in genügend Salzwasser weich kochen, abtropfen lassen und mit dem Kartoffelstampfer zerdrücken oder im Mixer pürieren. Unter dieses Gemüsepüree die Semmelbrösel, die Eier, den geriebenen Käse, die Muskatnuß, 1 Prise Salz und den Pfeffer mischen. • Den Backofen auf 220 °C vorheizen. Den aufgetauten Blätterteig in 4 Teile schneiden und jedes Stück auf einer bemehlten Arbeitsfläche dünn ausrollen. 2 Lagen jeweils mit flüssiger Butter bestreichen und übereinander in eine ausgebutterte feuerfeste Form legen. Auf die Blätterteigschicht die Zucchinifüllung streichen. Überstehende Teigränder nach innen umschlagen. Die restlichen beiden Teigschichten wiederum mit Butter bestreichen und übereinander auf die Füllung legen. Das oberste Teigblatt mit einigen Tropfen kaltem Wasser bespritzen. Teig und Füllung mit einem scharfen Messer in Quadrate von Portionsgröße schneiden. Das Gericht im Backofen 40 Minuten garen.

Variante – Zucchinibällchen

Den Gemüsebrei mit 2 Eiern, 150 g geriebenem Schweizer Käse, Salz, Pfeffer und geriebener Muskatnuß vermengen. Kleine Bällchen formen, diese in Mehl, Ei und Semmelbröseln wenden und in Olivenöl braten.

Okra mit Tomaten

Bámjes mé tomátes

750 g Okra · 1 Zwiebel · 500 g Tomaten · 1/2 Tasse Olivenöl · je 1 gute Prise Salz und Pfeffer · 1 Eßl. Essig

- Zubereitungszeit: 20 Minuten
- Garzeit: 35 Minuten

So wird's gemacht: Die Okra, wie auf Seite 12 beschrieben, vorbereiten. Die Zwiebel schälen und kleinschneiden. Die Tomaten heiß überbrühen, häuten und im Mixer zerkleinern. • Das Olivenöl erhitzen und die Zwiebelwürfel darin anbraten. Das Tomatenpüree und die Okra, das Salz, den Pfeffer und den Essig zugeben und so viel Wasser zufügen, daß das Gemüse knapp bedeckt ist. 35 Minuten bei milder Hitze zugedeckt garen.

Typisches, herzhaftes Gebäck, mit Spinat, Hackfleisch, gemischtem Fleischragout oder Käse gefüllt, in einer rechteckigen Form gebacken und in Quadrate geschnitten, wird als Vorspeise oder als Imbiß zu Bier und Wein gereicht, am besten schmeckt es ofenfrisch und noch warm.

Pikante Käsetaschen

Tiropitákja

300 g tiefgefrorener Blätterteig · 200 g Schafkäse oder trockener Quark · 100 g geriebener Parmesankäse · 2 Eier · 2 Eßl. Olivenöl · 1 Prise geriebene Muskatnuß · 2 Eßl. kleingeschnittener Dill · etwas flüssige Butter

- Zubereitungszeit: 35 Minuten (ohne Auftauzeit)
- Backzeit: 30 Minuten

So wird's gemacht: Den Blätterteig auftauen lassen. • Den Schafkäse reiben und mit dem Parmesankäse, den Eiern, dem Öl, der geriebenen Muskatnuß und dem kleingeschnittenen Dill mischen. • Den Blätterteig in 3 Stükke schneiden und diese sehr dünn ausrollen. Jedes Teigblatt in lange, 5 cm breite Streifen schneiden und mit flüssiger Butter bestreichen. Einige Zentimeter vom linken Ende jedes Teigstreifens entfernt 1 Eßlöffel von der Käsefüllung geben. Die linke obere Ecke über die Füllung schlagen und den ganzen Teigstreifen in Dreiecken falten, so daß ein einziges Dreieck entsteht (siehe Zeichnung). • Die Dreiecke auf ein mit kaltem Wasser abgespültes Backblech legen und obenauf mit etwas flüssiger Butter bestreichen. Den Backofen auf 220 °C vorheizen. Die Teigdreiecke 15 Minuten backen, wenden und weitere 15 Minuten backen, bis sie goldbraun sind.

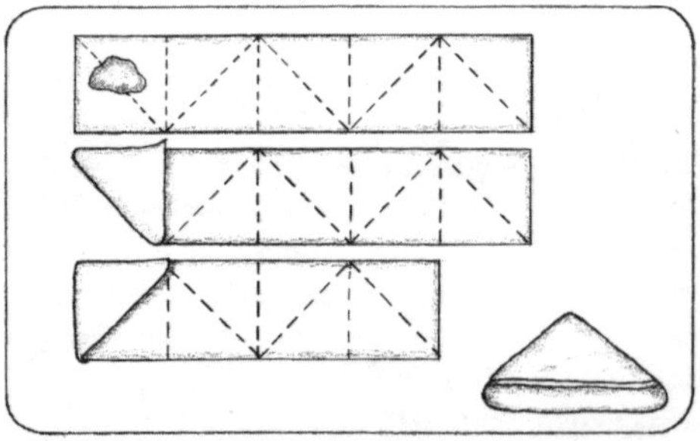

Die Teigstreifen an einem Ende mit Füllung belegen, dann wie markiert in Dreiecksform zuklappen.

Spinatpastete

Spanakópitta

Für den Teig: 450 g Mehl · 1/16 l Olivenöl · 1 Ei · etwas Salz · 1/16 l lauwarmes Wasser
Für die Füllung: 1 kg Spinat · 1 Zwiebel · 1 Sträußchen Dill · 250 g Schafkäse oder trockener Quark · 3 Eier · 3 Eßl. Olivenöl · 1 Tasse Milch
Für die Form: Olivenöl

- Zubereitungszeit: 35 Minuten
- Backzeit: 40 Minuten

So wird's gemacht: Das Mehl auf ein Backbrett sieben, in die Mitte eine Mulde drücken und dahinein das Olivenöl, das Ei, etwas Salz und das Wasser geben. Von innen nach außen rasch einen geschmeidigen Strudelteig kneten. Den Teig in eine Schüssel legen, mit einem feuchten Tuch bedecken und 30 Minuten ruhen lassen. • Für die Füllung den Spinat verlesen, unter fließendem kaltem Wasser gründlich waschen und oft mit den Händen gut ausdrücken, so daß der Spinatsaft herausgepreßt wird. Dieser bittere Saft wird weggeschüttet. Den Spinat sehr fein schneiden. • Die Zwiebel schälen und kleinhacken. Den Dill waschen, abtropfen lassen und kleinschneiden. Den Schafkäse in kleine Stücke schneiden. • Den Spinat mit den Zwiebelwürfeln, dem Dill, den Eiern, dem Öl, den Schafkäsestückchen oder dem Quark mischen. Eine größere Auflaufform mit Öl ausstreichen. Den Backofen auf 200 °C vorheizen. • Den Strudelteig in 2 Teile schneiden und jeden Teil in Größe der Form dünn ausrollen. Ein Teigblatt in die Form legen, mit Öl beträufeln und die Spinatfüllung darauf verteilen. Das zweite Teigblatt auf die Füllung legen, den Teig wiederum mit Öl bestreichen und mit kaltem Wasser bespritzen. Mit einem scharfen Messer den Auflauf in 6 cm große Quadrate schneiden. Den Auflauf im Backofen 40 Minuten backen. • Nach 30 Minuten Backzeit die Milch über die Spinatschnitten gießen.

Fleischpastete

Kreatópitta
Bild Seite 37

Für die Füllung: 500 g Rindfleisch · Salz · 1/2 Tasse Reis · 250 g Kalbfleisch · 250 g Schweinefleisch · 2 Zwiebeln · 2 Kartoffeln · 50 g Butter · 1/2 Tasse Wasser · 1 1/2 Eßl. Tomatenmark · 1 gute Prise Pfeffer · 100 g geriebener Parmesankäse · 3 Eier
Für den Teig: 450 g Mehl · 1/16 l Olivenöl · 1 Ei · etwas Salz · 1/16 l lauwarmes Wasser
Für die Form: Olivenöl

- Zubereitungszeit: 40 Minuten
- Garzeit: 90 Minuten
- Backzeit: 40 Minuten

So wird's gemacht: Das Rindfleisch in Salzwasser 30 Minuten kochen lassen. • Den Reis weich kochen. • Das Fleisch in kleine Stücke schneiden. Die Zwiebeln schälen und reiben. Die Kartoffeln schälen und in kleine Würfel schneiden. • Die Butter zerlassen, die Fleischstücke sowie die geriebene Zwiebel anbraten. Das Rindfleisch ebenfalls kleinschneiden und mit dem in Wasser aufgelösten Tomatenmark und den Kartoffelwürfeln zum übrigen Fleisch geben. Alles salzen und pfeffern und so viel Brühe zufügen, daß das Gericht knapp bedeckt ist. Bei mittlerer Hitze zugedeckt 1 Stunde garen. • Für den Teig das Mehl auf ein Backbrett sieben, in die Mitte das Olivenöl, das Ei, das Salz und das Wasser geben und von innen nach außen rasch einen Strudelteig kneten. Den Teig in einer Schüssel mit einem feuchten Tuch bedecken und 30 Minuten ruhen lassen. • Das Fleisch etwas abkühlen lassen und den Reis sowie den geriebenen Käse untermischen. Die Eier verquirlen und ebenfalls untermengen. Den Backofen auf 200 °C vorheizen. • Den Strudelteig dann in zwei Teile schneiden und jeden Teil dünn ausrollen. Jedes Teigstück muß die Größe der Auflaufform haben. Die Form mit Öl ausstreichen, 1 Teigblatt hineinlegen, mit Öl bestreichen und die Fleischfüllung darauf verteilen. Das zweite Teigblatt auf die Füllung legen, wiederum mit Öl bestreichen und mit kaltem Wasser bespritzen. Die Pastete im Backofen 40 Minuten backen.

In einem Lande, in dem das prächtigste Obst gedeiht, besteht der Nachtisch vorwiegend aus frischen Früchten. Je nach Jahreszeit wird eine Mahlzeit mit süßen Feigen, geeister Melone, saftigen Erdbeeren oder erntefrischen Trauben beendet. Soll das Dessert etwas anspruchsvoller sein, verfeinert man die Früchte mit einer Spirituose und reicht sie mit Schlagsahne. Besondere Menüs erfordern aber eine der typischen Nachspeisen aus Blätterteig, getränkt mit Zuckersirup, zu denen Kafedáki oder ein Glas frisches Wasser angeboten wird. Sehr populär sind aber auch die »Löffelsüßigkeiten«, griechisch Ghlikó tú kutaljú. Das sind in Zuckersirup eingekochte Früchte wie Auberginen, Birnen, Aprikosen, Quitten oder Trauben. Als Nachspeise werden diese süßen Früchte auf Joghurt serviert. Wichtiger ist aber ihre Bedeutung für die griechische Gastlichkeit. Jedem Gast, auch einem nur flüchtigen Besucher, wird als erstes auf einem kleinen Tellerchen ein Löffel von diesen Früchten angeboten. Deshalb nennt man sie »Süßigkeit vom Löffel« oder auch Löffeldessert.

Auberginen in Sirup

Melitsanákja ghlikó

750 g kleine, höchstens 10 cm lange Auberginen · 1/2 Teel. Salz · pro Aubergine 1 geschälte Mandel
Für den Sirup: 750 g Zucker · 1/4 l Wasser · 1 Stückchen Zimtstange · 4–5 Gewürznelken · Saft von 1 Zitrone

- Zubereitungszeit: 35 Minuten
- Garzeit: 1 Stunde

So wird's gemacht: Die Auberginen dünn abschälen. Das Salz mit genügend Wasser in einer Schüssel mischen und die geschälten Auberginen sofort hineinlegen, damit sie sich nicht dunkel färben. • Genügend Wasser in einem großen Topf zum Kochen bringen, die Auberginen ins kochende Wasser geben und im offenen Topf 30 Minuten kochen lassen. • Die Auberginen mit dem Schaumlöffel aus dem Wasser heben, erkalten lassen und jede Frucht mit der Hand ausdrücken, so daß möglichst viel Flüssigkeit abtropft. Jeweils eine Mandel in eine Aubergine stecken. • Für den Sirup den Zucker mit dem Wasser, der Zimtstange und den Nelken zum Kochen bringen. Die Auberginen hineinlegen und wiederum 30 Minuten im offenen Topf kochen lassen. Den sich bildenden Schaum mehrmals abschöpfen. Wenn der Sirup gut dick ist, den Zitronensaft zugießen, das Ganze noch einmal aufkochen lassen und vom Herd nehmen. • Die Auberginen im Sirup 12 Stunden erkalten lassen, dann in vorbereitete Gläser füllen, zubinden und kühl aufbewahren.

Variante – Birnen in Sirup
750 g möglichst kleine Birnen schälen und das Kerngehäuse mit einem Apfelausstecher herausstechen. Die fertig geschälten Birnen bis zur Weiterverarbeitung in Zitronenwasser legen. Dem Sirup ein Päckchen Vanillinzucker zufügen. Die Birnen, wie oben garen.

Mein Tip Obst und Gemüse, das sich rasch dunkel färbt, nach dem Putzen oder Schälen bis zur weiteren Verarbeitung stets in kaltes Wasser legen, dem etwas Zitronensaft beigefügt wird.

Blätterteigdessert mit Nußfüllung

Baklawás

300 g tiefgefrorener Blätterteig · Butter
Für die Füllung: 125 g Walnüsse ·
125 g geschälte Mandeln · 50 g Zucker ·
1 gestrichener Teel. Zimt
Für den Belag: flüssige Butter · 30 g gehackte Pistazien
Für den Sirup: 100 g Zucker · 1 Eßl. Wasser · 1/4 Tasse Honig · 1 kleine Zimtstange · 1 Gewürznelke

- Zubereitungszeit: 35 Minuten (ohne Auftauzeit)
- Backzeit: 30 Minuten

So wird's gemacht: Den tiefgefrorenen Blätterteig aus der Verpackung nehmen, die Teigscheiben nebeneinanderlegen und auftauen lassen. • Für die Füllung die Walnüsse und die Mandeln grob hacken, dann mit dem Zucker und dem Zimt mischen. • Die aufgetauten Blätterteigscheiben auf einer leicht bemehlten Arbeitsfläche dünn ausrollen. Eine mittelgroße, rechteckige feuerfeste Form mit Butter ausstreichen, jeweils ein Teigblatt hineinlegen, dieses mit flüssiger Butter bestreichen und mit der Nußfüllung bestreuen. Auf das oberste Teigblatt etwas flüssige Butter streichen und einige Tropfen Wasser darüberspritzen. • Den Backofen auf 200 °C vorheizen. Mit einem dünnen, spitzen Messer gleich kleine Quadrate in die Teigschichten fast bis zum Boden schneiden. Die Süßspeise auf der zweiten Schiebeleiste von unten 30 Minuten backen, bis die oberste Schicht goldbraun ist; dann abkühlen lassen. • Für den Sirup den Zucker mit dem Wasser unter Rühren 5 Minuten kochen lassen. Den Honig, die Zimtstange und die Gewürznelke zum Zuckerwasser geben und unter ständigem Rühren weitere 5 Minuten kochen lassen. • Die Zimtstange und die Nelke entfernen und den noch heißen Sirup über die bereits erkaltete Nachspeise gießen. Diese mit den Pistazien bestreuen, die Quadrate völlig durchteilen und servieren.

Blätterteigdessert mit Zuckersirup

Ghalaktobúreko

300 g tiefgefrorener Blätterteig · Butter
Für die Creme: 1/2 l Milch · 75 g feiner Grieß · 3 Eier · 150 g Zucker · 1 Päckchen Vanillinzucker · 2 Eßl. Butter
Für den Sirup: 125 g Zucker · 3 Eßl. Wasser · abgeriebene Schale von 1 Zitrone · 1 Messerspitze Zimt · 1/2 Teel. frische kleingehackte oder getrocknete Pfefferminzblätter oder 1/2 Schnapsglas Rum (1 cl) · 1 Teel. Zitronensaft

- Zubereitungszeit: 35 Minuten (ohne Auftauzeit)
- Backzeit: 40 Minuten

So wird's gemacht: Den tiefgefrorenen Blätterteig aus der Verpackung nehmen und die einzelnen Teigscheiben getrennt auftauen lassen. • Für die Creme die Milch in einen Topf gießen, den Grieß unter Rühren einrieseln lassen und unter ständigem Rühren mit der Milch zum Kochen bringen. Den Grießbrei vom Herd nehmen und unter öfterem Umrühren abkühlen lassen, damit sich keine Haut auf der Oberfläche bildet. • Die Eier mit dem Zucker und dem Vanillinzucker schaumig rühren und löffelweise mit dem abgekühlten Grießbrei mischen. Zuletzt die Butter unter den Grießbrei ziehen. • Die aufgetauten Blätterteigscheiben auf einer leicht bemehlten Arbeitsfläche dünn ausrollen. Eine rechteckige, mittelgroße feuerfeste Form mit Butter ausstreichen. Die Hälfte der Teigblätter jeweils mit Butter bestreichen und aufeinander in die Form legen. Auf diese Teigschicht die Creme streichen. Sind die Teigschichten etwas größer als die feuerfeste Form, so schlägt man die Ränder nach innen über die Creme. Die restlichen Teigblätter wiederum mit Butter bestreichen und übereinander auf die Creme legen. Mit einem dünnen spitzen Messer Teig- und Cremeschichten bis fast zum Boden in portionsgroße Quadrate durchschneiden. Die Oberfläche mit Butter bestreichen und mit wenig kaltem Wasser bespritzen. • Das Dessert im vorgeheizten Backofen bei 200 °C auf der zweiten Schiebeleiste von unten so lange backen, bis die oberste Schicht goldbraun ist. • Inzwischen für den Sirup den Zucker mit dem Wasser, der abgeriebenen Zitronenschale, dem Zimt und den Pfefferminzblättchen oder dem Rum unter ständigem Rühren 5 Minuten kochen lassen. Den Sirup vom Herd nehmen, den Zitronensaft unterrühren. • Den warmen Sirup über die fertige Nachspeise gießen. Vor dem Servieren die Quadrate völlig durchschneiden.

Mein Tip Zu einem Dessert aus Blätterteig mit Zuckersirup wird in Griechenland stets ein Kafedáki oder ein Glas kaltes Wasser gereicht.

Gefüllte Blätterteigrolle mit Sirup

Kataífi
Bild 3. Umschlagseite

300 g tiefgefrorener Blätterteig
Für die Füllung: 200 g geschälte Mandeln oder Haselnüsse · 1 Scheibe Zwieback · 4 gestrichene Eßl. Zucker · 1 Päckchen Vanillinzucker · 1 gestrichener Teel. Zimt · 2 Eier
Zum Bestreichen: flüssige Butter
Für den Sirup: 75 g Zucker · 1/3 Tasse Wasser · 1 Stückchen Zimtstange · 1 Teel. Zitronensaft
Für den Belag: 30 g gehackte Mandeln

- Zubereitungszeit: 35 Minuten (ohne Auftauzeit)
- Ruhezeit: 15 Minuten
- Backzeit: 30 Minuten

So wird's gemacht: Den tiefgefrorenen Blätterteig aus der Verpackung nehmen, die einzelnen Teigscheiben nebeneinanderlegen und auftauen lassen. • Für die Füllung die Mandeln oder Haselnüsse grob hacken. Den Zwieback in einem Plastikbeutel mit dem Rollholz zerbröseln. Die Zwiebackbrösel mit dem Zucker, dem Vanillinzucker, dem Zimt und den gehackten Nüssen mischen. Die Eier verquirlen und die Nußmischung untermengen. • Die aufgetauten Blätterteigscheiben auf einer leicht bemehlten Arbeitsfläche dünn ausrollen. Jedes Teigblatt mit flüssiger Butter bestreichen und alle Teigblätter aufeinanderlegen. Die Nußfüllung auf dem Blätterteig verteilen und eine Rolle daraus formen. Den Backofen auf 200 °C vorheizen. • Ein Backblech mit kaltem Wasser abspülen, die Blätterteigrolle darauflegen und 15 Minuten ruhen lassen. • Die Rolle auf der zweiten Schiebeleiste von unten 30 Minuten backen. • Für den Sirup den Zucker mit dem Wasser und der Zimtstange unter ständigem Rühren 5 Minuten kochen lassen. Den Sirup vom Herd nehmen, die Zimtstange entfernen und den Zitronensaft zufügen. Den noch warmen Sirup über den gebackenen warmen Kataífi gießen, mit gehackten Mandeln bestreuen und in Scheiben geschnitten servieren.

Gebackene Mandel-Grieß-Schnitten

Chalwás

Chalwás oder Halva gehört zu den berühmtesten griechischen Süßspeisen; sie wird vor allem während der Fastenzeit serviert. Natürlich gibt es von diesem Dessert verschiedene Variationen. Hier das Rezept einer besonders schmackhaften Variante.

3/4 l Wasser · 125 g Butter oder Margarine · 250 g Zucker · 200 g grober Grieß · 100 g geschälte Mandeln · 1 gestrichener Teel. Zimt
Für den Belag: etwa 20 geschälte Mandeln

- Zubereitungszeit: 35 Minuten
- Backzeit: 15 Minuten

<u>So wird's gemacht:</u> Das Wasser mit der Butter oder Margarine und dem Zucker unter Rühren zum Kochen bringen. Den Grieß einrieseln lassen und unter ständigem Rühren bei milder Hitze 10 Minuten quellen lassen. Den Grießbrei vom Herd nehmen. • Die Mandeln grob hacken und mit dem Zimt unter den Grießbrei rühren. Den Brei in eine flache rechteckige Form streichen, über die Form ein Tuch und darauf einen Deckel legen. Den Grießbrei mindestens 15 Minuten fest werden lassen. • Den Backofen auf 200 °C vorheizen. Den Grießbrei in der Form in gleichkleine Quadrate teilen und jedes Quadrat mit 1–2 Mandeln belegen. Die Süßspeise auf der mittleren Schiebeleiste 15 Minuten backen.

Kaffee nach türkischer Art

Kafedáki

Hier das Originalrezept; man verwendet dafür ganz fein gemahlenen Mokka.

Pro Person:
1 Mokkatasse Wasser · 1 gestrichener Teel. fein gemahlener Kaffee · 1 gestrichener Teel. Zucker oder nach Belieben weniger
Für stärkeren Kaffee: 1 1/2 Teel. Kaffee

- Zubereitungszeit: 10 Minuten

<u>So wird's gemacht:</u> Das Wasser in das Kupferkännchen füllen, den Kaffee und den Zukker zugeben, einmal umrühren und alles 2–3 mal aufwallen lassen. Das Kännchen vom Herd nehmen. • Das Beste an diesem Kaffee ist der sich bildende Schaum. Man gibt deshalb in jede Mokkatasse zuerst etwas von dem Schaum und verteilt darauf den Rest des Kaffees. Der Kaffee wird nicht gesiebt.

Die traditionellen Kuchen

Jedes Land verfügt über Backrezepte, die in vielen Familien aller Regionen beliebt sind. Oft ergibt sich die Besonderheit aus landestypischen Früchten wie Zitronen, Orangen oder Walnüssen. Mancher Kuchen wird als traditionelles Festgebäck für bestimmte Feiertage gebacken wie der Neujahrs-Kuchen, das österliche Hefegebäck oder die Weihnachtsplätzchen und überliefert altes Brauchtum. In jedem Falle gehören auch diese Kuchen zur griechischen Küche und bereichern als süße Spezialität jede Kaffeetafel.

Neujahrs-Kuchen

Wasilópitta

7 Eier · 125 g Butter · 250 g Zucker · 100 g geschälte, geriebene Mandeln · 3 Eßl. Rum · 1 Messerspitze Zimt · 200 g Mehl · 50 g Speisestärke · 2 gestrichene Teel. Backpulver · Puderzucker
Für die Form: Butter oder Margarine und Mehl

- Zubereitungszeit: 25 Minuten
- Backzeit: 50 Minuten

So wird's gemacht: Eine Springform mit Butter oder Margarine ausstreichen und mit Mehl ausstäuben. Den Backofen auf 180 °C vorheizen. • Die Eier in Eigelbe und Eiweiße trennen. Die Butter mit dem Zucker schaumig rühren und nach und nach einzeln die Eigelbe unterrühren. Zuletzt die geriebenen Mandeln, den Rum und den Zimt unter die Butter-Eigelb-Masse rühren. • Die Eiweiße zu steifem Schnee schlagen. Das Mehl mit der Speisestärke und dem Backpulver über den Teig sieben und unterrühren. Zuletzt den Eischnee unterheben. • Den Teig in die vorbereitete Form füllen und die Oberfläche glattstreichen. Den Kuchen auf der zweiten Schiebeleiste von unten 50 Minuten backen. Nach etwa 30 Minuten nachsehen, ob die Oberfläche zu rasch bräunt, gegebenenfalls ein Stück Pergamentpapier darauflegen. • Nach Ende der Backzeit Garprobe mit einem Holzstäbchen machen. Den Kuchen einige Minuten in der Form abkühlen lassen, dann auf ein Kuchengitter stürzen und mit Puderzucker besieben.

Walnußkuchen

Karidópitta

150 g Zwieback · 1/2 Teel. Backpulver · 150 g Walnüsse · 6 Eier · 250 g Zucker · 1 Päckchen Vanillinzucker · 2 Schnapsgläser Anisschnaps (4 cl) oder Weinbrand
Für die Form: Butter oder Margarine und Mehl
Für den Sirup: 1/16 l Wasser · 125 g Zucker · 1 kleines Stückchen Zimtstange · 1 Gewürznelke · 1 Eßl. Zitronensaft

- Zubereitungszeit: 30 Minuten
- Backzeit: 30 Minuten

So wird's gemacht: Eine mittelgroße rechteckige Form oder eine Springform mit Butter oder Margarine ausstreichen und mit etwas Mehl ausstäuben. Den Backofen auf 180 °C vorheizen. • Den Zwieback in eine Plastiktüte füllen und mit dem Rollholz zu feinen Bröseln zerdrücken. Die Zwiebackbrösel mit dem Backpulver mischen. Die Walnüsse fein reiben. Die Eier in Eigelbe und Eiweiße trennen. • Die Eigelbe mit dem Zucker und dem Vanillinzucker schaumig rühren. Die geriebenen Nüsse, den Anisschnaps oder den Weinbrand und die mit dem Backpulver gemischten Zwiebackbrösel zur Eimasse geben und untermengen. Die Eiweiße zu steifem Schnee schlagen und zuletzt unter den Teig heben. • Den Teig in die Form füllen und die Oberfläche glattstreichen. Den Kuchen auf der zweiten Schiebeleiste von unten 30 Minuten backen. • Den Kuchen noch 5 Minuten im abgeschalteten Backofen lassen, den Kuchen dann herausnehmen, aus der Form stürzen, umdrehen und mit einem Holzstäbchen die Oberfläche des Kuchens mehrmals einstechen. • Für den Sirup das Wasser mit dem Zucker, der Zimtstange und der Gewürznelke unter Rühren 5 Minuten kochen lassen. Den Zitronensaft zufügen, noch einmal aufkochen lassen, dann die Zimtstange und die Nelke entfernen. Den noch warmen Kuchen mit dem warmen Sirup tränken und über Nacht an einem kühlen Ort ruhen lassen. • Den Walnußkuchen vor dem Servieren in etwa 6 cm große Quadrate schneiden.

Hefekugeln mit Sirup

Lukumádes

Lukumádes sind eine typische griechische Süßigkeit. Es gibt hier Lokale, die ausschließlich nur Lukumádes zubereiten.

250 g Mehl · 15 g Hefe · 1/4 l Wasser · 1/2 Teel. Salz · 1 Teel. Anisschnaps oder Weinbrand
Für den Sirup: 1/2 Tasse Zucker · 1/4 Tasse Wasser · 1/2 Tasse Honig
Zum Fritieren: Sonnenblumen- oder Maisöl
Zum Bestreuen: Puderzucker und Zimt

- Zubereitungszeit: 25 Minuten
- Ruhezeit: 1 Stunde und 30 Minuten
- Garzeit: 6 Minuten

So wird's gemacht: Das Mehl in eine Schüssel geben, in die Mitte eine Vertiefung drücken und die Hefe hineinbröckeln. 1/2 Tasse Wasser lauwarm mit der Hefe und etwas Mehl zu einem Brei verrühren. Die Schüssel, mit einem Tuch zugedeckt, 30 Minuen an einem warmen Ort stehen lassen, so daß die Hefe aufgehen kann. • Dann das Salz, das restliche Wasser und den Anisschnaps oder Weinbrand untermengen und den Teig mit einem hölzernen Kochlöffel schlagen, bis er Blasen wirft (7 Minuten). Wieder zugedeckt bleibt der Teig 1 Stunde stehen, bis er sich verdoppelt hat. • Für den Sirup den Zucker, das Wasser und den Honig zum Kochen bringen und 5 Minuten langsam kochen lassen. • Das Sonnenblumen- oder Maisöl gut erhitzen. In die angefeuchtete linke Handfläche 1 Eßlöffel Teig geben, die Hand zur Faust schließen, den Teig etwa 2 1/2 cm nach oben drücken, mit einem in der rechten Hand gehaltenen kleinen Löffel – ab und zu ins kalte Wasser tauchen – das Teigstück jeweils abnehmen und ins heiße Öl werfen. Wem diese Handhabung zu kompliziert erscheint, sticht einfach mit einem nassen Teelöffel kleine Stückchen aus dem Teig. Hierbei erhalten die Lukumádes eine etwas ungleiche Form. • Eine Anzahl Lukumádes ins erhitzte Öl geben und bei starker Hitze, indem man sie ständig umrührt, goldbraun fritieren. Mit einem Schaumlöffel aus dem Öl heben und auf Küchenpapier abtropfen lassen. Noch warm mit Sirup begießen, mit Puderzucker und Zimt bestreuen. Dazu reicht man Messer und Gabel.

Teigtäschchen mit Nußfüllung

Skaltsúnja

Für das Backblech: Butter oder Öl
Für die Füllung: 100 g Walnüsse · 100 g geschälte Mandeln · 50 g Rosinen · 3 Eßl. Orangenmarmelade · 2 Eßl. Honig
Für den Teig: 375 g Mehl · 1 gestrichener Teel. Backpulver · 1/8 l Öl · 2 Eßl. Honig · 1/16 l lauwarmes Wasser
Zum Verzieren: etwas Rosenwasser und Puderzucker

- Zubereitungszeit: 30 Minuten
- Backzeit: 20 Minuten

So wird's gemacht: Ein Backblech mit Butter oder Öl bestreichen. Den Backofen auf 175 °C vorheizen. • Die Walnüsse und die Mandeln grob hacken, dann mit den Rosinen, der Marmelade und dem Honig verrühren. • Das Mehl mit dem Backpulver mischen, in eine Schüssel sieben und mit dem Öl, dem Honig und dem Wasser zu einem festen Teig verkneten. Den Teig auf einer bemehlten Arbeitsfläche etwa 3 mm dick ausrollen und Kreise von etwa 10 cm Durchmesser ausstechen oder mit dem Teigrädchen ausschneiden. • Auf eine Hälfte der Kreise jeweils 1 Eßlöffel der Füllung geben, die Kreise zusammenklappen und die Ränder gut zusammendrücken. Die Teighalbmonde auf das vorbereitete Backblech legen und auf der zweiten Schiebeleiste von unten 20 Minuten backen, bis sie hellgelb sind. • Das Gebäck vom Backblech nehmen, noch warm mit etwas Rosenwasser beträufeln und mit Puderzucker besieben.

Hefegebäck zu Ostern

Tsurékja

500 g Mehl · 20 g Hefe · 1/8 l lauwarme Milch · 125 g Butter · 100 g Zucker · 1 Ei · 2 Eigelbe · 1 Messerspitze Salz · 1 Teel. abgeriebene Zitronenschale (unbehandelt)
Für den Belag: 9–11 Eier · rote Ostereierfarbe · 1 Ei · 1 Eigelb · Sesamsamen oder einige Mandeln
Für das Backblech: Butter oder Margarine

- Zubereitungszeit: 45 Minuten
- Ruhezeit: 1 Stunde und 35 Minuten
- Backzeit: 30 Minuten

So wird's gemacht: Die Eier in kochendes Wasser legen und 8 Minuten kochen lassen. Die Eier aus dem Wasser nehmen, abschrekken und mit Ostereierfarbe rot färben. • Das Mehl in eine Schüssel sieben und in die Mitte eine Vertiefung drücken. Die Hefe in die Vertiefung bröckeln und mit der lauwarmen Milch und etwas Mehl zu einem Hefevorteig verrühren. Etwas Mehl über den Hefevorteig streuen, die Schüssel mit einem Tuch zudekken und den Hefevorteig an einem warmen Ort 20 Minuten gehen lassen, bis die Oberfläche Risse zeigt. • Die Butter zerlassen. Die zerlassene Butter, den Zucker, das Ei, die Eigelbe, das Salz und die abgeriebene Zitronenschale mit dem Hefevorteig und dem gesamten Mehl zu einem geschmeidigen glatten Hefeteig schlagen. Den Teig so lange schlagen, bis er sich vom Schüsselrand löst, dann zugedeckt nocheinmal etwa 1 Stunde gehenlassen, bis sich der Teig verdoppelt hat. • Aus dem Teig auf einer bemehlten Arbeitsfläche gleichlange Rollen formen und die Rollen zu Schnecken oder Kringeln verarbeiten. Ein Backblech mit Butter oder Margarine bestreichen. Die Hefestückchen darauflegen und noch 15 Minuten gehen lassen. Den Backofen auf 180 °C vorheizen. • Das Ei mit dem Eigelb verquirlen, die Hefeteilchen damit bestreichen und mit Sesamsamen oder gehackten Mandeln bestreuen. In die Mitte eines jeden Hefestückchens ein rotgefärbtes Ei drücken und die Hefestücke auf der zweiten Schiebeleiste von unten 30 Minuten backen. • Das Hefegebäck aus dem Ofen nehmen und auf einem Kuchengitter abkühlen lassen.

Variante – Osterzopf
(Bild Seite 56)
Sie können aus dem Teig auch drei gleichlange und -dicke Rollen formen, diese zu einem Zopf flechten. Auf den Zopf wird eine etwas dickere Rolle gelegt und darauf setzt man 5 rote Eier (Backzeit 50 Minuten auf der untersten Schiebeleiste bei 200 °C).

Mandelgebäck

Kurambiédes

Die Kurambiédes ähneln im Geschmack den bekannten Vanillekipferln aus Österreich. Sie gehören zum beliebten Weihnachtsgebäck und werden bereits drei Wochen vor dem Fest gebacken und in Dosen aufgehoben.

250 g Butter · 250 g Puderzucker · 1 Päckchen Vanillinzucker · 1 Prise Salz · 1 Schnapsglas Weinbrand (2 cl) · 2 Eigelbe · 500 g Mehl · 125 g geschälte, geriebene Mandeln · Puderzucker

- Zubereitungszeit: 40 Minuten
- Kühlzeit: 30 Minuten
- Backzeit: 20 Minuten

So wird's gemacht: Die Butter mit dem Puderzucker und dem Vanillinzucker schaumig rühren. Das Salz, den Weinbrand und nach und nach die Eigelbe unter die Buttermasse rühren. • Abwechselnd das Mehl und die geriebenen Mandeln zum Teig geben und den Teig so lange kneten, bis er keine Risse mehr zeigt. Den Teig in Pergamentpapier wickeln und im Kühlschrank 30 Minuten ruhen lassen. • Den Backofen auf 190 °C vorheizen. Aus dem Teig gleichkleine Kugeln formen, diese auf ein Backblech legen und oben etwas plattdrücken. Die plattgedrückten Teigkugeln auf der mittleren Schiebeleiste in 20 Minuten hellgelb backen. Gut darauf achten, daß sie nicht zu braun werden. • Die gebackenen Plätzchen mit einem breiten Messer vom Backblech heben und mit reichlich Puderzucker besieben.

Mein Tip Das noch warme Gebäck mit etwas Rosenwasser beträufeln und dann erst mit Puderzucker besieben.

Rezept- und Sachregister

Die *kursiv* gesetzten Seitenzahlen verweisen auf die Farbbilder.

So schmeckt's noch besser...
Salate
GU
Gräfe und Unzer
Desserts
Christian Teubner
GU
Gräfe und Unzer
Einmachen
Christian Teubner
Backen herzhaft und pikant
Christian Teubner
GU
Pizza und Pasta Variationen
Christian Teubner
GU
Gemüse
Christian Teubner
GU
Gräfe und Unzer

Rezept- und Sachregister